国际金融理论及金融业开放研究

田欣冉 著

延边大学出版社

图书在版编目（CIP）数据

国际金融理论及金融业开放研究 / 田欣冉著. -- 延吉：延边大学出版社，2023.4
ISBN 978-7-230-04754-8

Ⅰ．①国… Ⅱ．①田… Ⅲ．①国际金融－理论研究②金融业－金融开放－研究 Ⅳ．①F831

中国国家版本馆CIP数据核字(2023)第064710号

国际金融理论及金融业开放研究

著　　者：田欣冉
责任编辑：金钢铁
封面设计：文合文化
出版发行：延边大学出版社
社　　址：吉林省延吉市公园路977号　　　邮　编：133002
网　　址：http://www.ydcbs.com
E - m a i l：ydcbs@ydcbs.com
电　　话：0433-2732435　　　　　　　　传　真：0433-2732434
发行电话：0433-2733056
印　　刷：三河市嵩川印刷有限公司
开　　本：787 mm×1092 mm　1/16
印　　张：10　　　　　　　　　　　　　　字　数：200千字
版　　次：2023年4月　第1版
印　　次：2023年5月　第1次印刷
ISBN 978-7-230-04754-8

定　　价：68.00元

前　言

随着世界经济一体化进程的不断加快，国际金融领域中的新问题层出不穷，全球日益严重的贸易失衡及全球金融危机等问题，都对国际金融理论的发展及金融业开放提出了新的要求。金融对外开放在提高金融机构实力、推动我国经济发展的同时，也给金融经济的安全稳定带来了一定的风险。因此，在推动金融对外开放的过程中，既要积极主动，又需稳妥有序。

金融对外开放是我国对外开放的重要组成部分，是提升我国在金融领域的综合竞争力和国际影响力的重要举措。对于国际金融的开放与合作，我国应客观地去对待，并且也应有一定的立场。我国要以自己的角度作为出发点，以维护国家权力和利益为基础，对一些国家尤其是发达国家之间的关系理念进行批判性参考，切不可盲目汲取。特别是在国际金融方面的合作，应根据我国的实际情况去进行判断，而不是只能依赖其他国家的国际关系理论。虽然这一项工作是长期、艰巨也是困难的，但是却是一定要做的工作。

本书依据不同历史条件下内外均衡问题的逐步演化，将国际金融理论的研究主要分为萌芽、形成和发展三个阶段，内容涉及国际金融组织、国际金融实务、国际金融体系与金融危机、金融业开放的创新等方面。从国际金融理论入手，本书主要介绍了国际金融的概念及其产生与发展，并从实务角度论述了学习国际金融的方法，系统介绍了国际金融市场、国际金融体系以及国际金融风险管理。同时，针对金融业开放，本书详细介绍了其基本内涵、历程与经验、成就和现状，并就有关金融业开放的合作与创新展开了深入研究。由于笔者水平有限，书中难免有疏漏和不妥之处，恳请广大读者批评指正。

目 录

第一章 国际金融理论 ... 1
第一节 国际金融概述 ... 1
第二节 外汇与外汇汇率 ... 7
第三节 决定汇率的理论 ... 18

第二章 国际金融组织 ... 22
第一节 全球性国际金融组织 ... 22
第二节 区域性国际金融组织 ... 38
第三节 跨国银行 ... 45

第三章 国际货币体系与金融危机 ... 53
第一节 国际货币体系 ... 53
第二节 国际资本流动与金融危机 ... 73

第四章 金融业开放概述 ... 89
第一节 金融业开放的基本内涵 ... 89
第二节 我国金融业开放的历程与经验 ... 97
第三节 金融业对外开放的成就和现状 ... 107

第五章 创新金融业开放 ... 134
第一节 与国际清算银行的密切合作 ... 134
第二节 "一带一路"框架下的投融资合作 ... 135
第三节 多边开发领域的合作与创新 ... 147

参考文献 ... 151

第一章 国际金融理论

第一节 国际金融概述

一、国际金融的概念

顾名思义,"国际金融"是"金融"的国际化行为和过程。所以理解"金融"乃至与之相关的概念就显得尤为必要。

金融是指货币流通和信用活动以及与之相关的经济活动的总称。金融的内容可以包括货币的发行与回笼,存款的吸收与支付,贷款的发放与收回,外汇的买卖,股票债券的发行与流通转让,保险、信托和货币结算,等等。

在不同主权国家的居民和企业之间发生经济(主要指贸易和金融)活动不可避免地要求国家间的货币资金周转和运动。这就是"国际金融"所要研究的内容,它包括外汇汇率与外汇市场、国际货币体系、国际收支、外汇储备、国际资本流动、国际金融市场、国际结算等。

如此解释仍显抽象,我们可以先简单从时间顺序上厘清国际金融的发展过程,那就是:先出现商品交换,继而产生货币以促进商品交换,然后进一步发展出货币的存储、流通、借贷等一系列信用活动,这些活动的总称即金融活动。而当这些经济活动跨越国界,用不同的货币同时进行时,就产生了国际金融。

更为详细的,可以从货币类型的演化、信用和金融的产生及相关概念来看。首先是商品的交换催生了货币。以物易物的商品交换较为困难,用货币作为媒介进行商品交换可以大大减少商品交换的交易成本。作为承担一般等价物作用的货币,可以分离和独立交易者的买卖过程,也就是说卖者可以把商品换成货币,然后在合适的时间用货币去买自己想买的商品。货币从而承担了以下主要职能:价值尺度、交换媒介、支付手段和贮藏手段。由于有自身的价值保障,贵金属特别是金银成为最适合做货币的商品,货币固定在贵重金属上大大方便了商品交换。然而,随着经济交易的日益增长,有限的金银已经越来越难以适应不断扩大的商品生产和交换的需要,纸币的发行则彻底从制度和名义上摆脱了黄金的束缚。国际货币基金组织正式宣布黄金非货币化,使得作为交换媒介的纸币从建立在与黄金挂钩的基础之上,转变为建立在人们信心的基础之上,这就是"信用货币"。信用货币从货币形态上可以分为现金(或纸币)、辅币和银行存款。随着信息技术的发展,一种全新的无形的货币形态——电子货币应运而生,这种利用电脑、互联网或储值卡所进行的金融活动,正在革命性地改变着我们日常的经济和金融活动。

商品经济的进一步发展必然会产生信用。每个个人和企业对自己未来的商品交换数量和交换时间有一定的预期,因而会储备一定量的货币用于商品交换。而货币同时也是一个重要的贮藏手段,个人和企业会将一些钱储蓄起来以备将来之需。这样在经济生活中,就出现了资金的供应者(拥有闲置资金的人)和需求者(急于用钱而囊中羞涩的人),于是就产生了信用关系:有钱的人可以向急需用钱的人放贷,将钱的使用权暂时让渡给急需用钱的人,而借钱的人在一定时间后还本付息,利息就是放款人要求借款人所付的回报。这种借款、放款的经济行为就是融资活动。"金融"一词由此而来,"金"是指货币资金;"融"是融通、信用的意思。

由于信用关系超越了一手交钱一手交货的简单的交换关系,更多建立在将来的不确定的信用基础之上,于是风险和金融也就同时诞生了。如果借款者不能按时还本付息怎么办?要知道,贷款人(资金的提供者)和借款人(资金的使用者)的信息是不对称的。一般说来,借款人对自己投资项目的收益和风险比较清楚,也总是会倾向于在借钱时向贷款人保证借款行为的安全性。贷款人如果有资金闲置,又能安全出借资金,获取投资收益,何乐而不为呢?可问题是怎么判断借款人讲的是实话?即便借款人讲的是实话，如果有预料不到的问题发生，借款人不能还本付息怎么办？为了降低贷款风险，贷款人要花大量的时间和精力去调查借款人的项目情况，于是放贷的成本提高了。由于放贷有风险，许多人宁愿让自己的钱闲置，也不愿冒风险贷款出去。为了减少金融活动中的交易成本和信息成本，金融中介——商业银行、证券机构、投资公司、保险公司出现了。于是，融资活动进一步可划分为直接融资和间接融资。直接融资是指货币供求双方之间直接发生的信用关系，比如企业利用资本市场通过发行债券或股票来进行融资；间接融资则是货币供求双方通过各种金融中介进行货币借贷，比如企业通过向银行贷款获得融资。这些提供给借贷双方相互接触和金融交易工具的场所就是金融市场。金融市场的发展使得金融业务的内容迅速丰富，结算、保险、信托、股票、债券等金融服务都随之发展起来。

当金融活动跨越国界时，就成为国际金融研究的对象。国际金融研究的是不同国家的政府、企业、居民之间，由于经济活动而发生的跨国界的货币资金的周转与运动。而金融一旦跨越国界，就变得更为复杂。因为各主权国家都有自己的货币。国际贸易行为中，出口商一般会收到外币，而他需要将外币换成本币以计算盈亏；进口商则需支付外币，因而需将本币换成外币以便进口。同理，在国际投资行为中，投资者要先把本国资金换成外汇资金，然后投在海外，最后仍需兑换本币以计算盈亏。这些行为中无不关系汇率升降、风险收益等一系列金融关系。虽然国际金融考虑的不外乎还是货币资金的融通和信用问题，但与多种货币一结合，就变成了一种永远具有挑战性的变化无穷的游戏，值得我们一再探究。

二、国际金融的产生与发展

我们已经知道，所谓国际金融，就是在人类社会发展到一定阶段，因各国之间经济、政治、文化等联系而产生的货币资金的周转和运动；它反映国际经济关系中的资金融通关系，这种关系具体体现为国际货币兑换、借贷关系、收付方式、结算制度、资产储备、金融市场、货币体系、金融机构、金融一体化等；它赖以出现的前提是以货币作为媒介的国家之间的商品交换，即起源于国际贸易。国际金融的产生与发展过程可以简单概括为：国际贸易和非贸易往来→国际收支的出现→国际收支清偿、世界货币调节、资金融通→国际融资与金融市场的出现。由于各国采用不同的货币，实施不同的货币制度和金融政策，所以上述国际金融活动中，还潜伏着另一条制度线索，即各国不一的货币制度、金融政策→统一的国际货币制度（体系）的出现→超国家的国际金融组织机构的出现。

国际交往大多从经济往来开始，而经济往来一般起源于商品交易。两国之间要进行商品交易，买方通常需要支付卖方国家的货币或卖方愿意接受的其他国家的货币，于是产生了一个需用本国货币兑换其他国家货币以支付货款的问题。也就是说，为使国与国之间的商品交易能够顺利进行，必须辅以一种不同国家货币可以相互兑换的金融活动，这种金融活动被称为"国际汇兑"。国际汇兑不是简单的金融活动，其内容非常广泛复杂。首先要解决的是用什么标准来把一国的货币折算成另一国货币的问题，这种不同货币之间彼此折算的比率被称为汇率。汇率决定以后，接着就产生用什么来支付货款的问题，也就是支付手段的问题。黄金长期以来一直发挥着世界货币的职能，用作国际支付手段。但随着国际贸易的不断发展，进行贸易所需的支付手段越来越不足，因此出现了种类繁多的信用工具。经过几个世纪的发展，现在国际金融领域内的各种活动几乎都同国际信用有着密切的联系。国际上除了上述的贸易往来以外，还有许多非贸易的经济往来，诸如，各国政府之间的和私人、企业、团体之间的借贷、援助、捐赠，劳务收支和资金转移，海外投资和侨民汇款，等等。这些贸易的和非贸易的经济往来，共同构成一个国家的国际收支的内容。为了便于各国清偿国际收支差额，调节各主要国家货币的供求关系，并提供融通资金的渠道，在世界上某些经济比较发达、交通比较方便和通信设备比较完善的国家的金融中心，先后形成了国际金融市场，包括黄金市场、外汇市场和资金市场等。国际金融市场进一步推动了国际投资、国际贸易乃至整个世界经济的迅猛发展。与此同时，世界各国各有自己的一套货币制度、汇率制度和外汇管制制度，以及针对本国的经济利益而在不同时期制定的一套财政金融政策。它们常因各自的利害关系而产生矛盾，以致阻碍国际贸易、投资的扩展和国际经济合作的顺利进行，不利于世界经济的稳定和发展。为了避免这种利害冲突，就有必要建立统一的国际货币制度，如自19世纪70年代以来，国际金融体系经历了金本位体系（1870—1914）、前布雷顿森林体系（1915—1944）、布雷顿森林体系（1945—1972）和牙买加货币体系（1976 至今）时期，各国的金融活动和金融关系无不在这些普遍实施的金融制度和金融框架中进行。建立一种国际货币制度，也要求建立一些超国家的国际金融机构来保证制度的建立、协调和运行。第二次世界大战后，以美元为中心的国际货币体系建立以后，成立了国际货币基金组织、世界银行等国际金融机构，在其他各个地区，也成立了类似的地区性国际金融机构。

从以上描述中可见，国家间有了经济交往，特别是发生商品交易以后，就产生了有关货币收支、汇兑、信贷、结算等一系列问题，从中又引起国际收支、资本流动、国际金融市场、国际货币体系、国际金融机构等问题。把这些问题归结起来，就构成了产生国际金融的内容。

第二次世界大战以来，由于生产和资本国际化的迅速发展，世界经济领域中发生了一系列重大变化，推动了世界货币金融关系广泛发展。当代国际金融关系的发展主要包括以下几个方面：

——世界货币体系的演变。第二次世界大战后初期，先是建立了以美元为中心的布雷顿森林货币体系，经过 20 多年的运转于 20 世纪 60 年代末陷入严重危机，并在 70 年代初崩溃。崩溃后随之而来的是世界货币体系的动荡不安。牙买加货币体系的建立和欧洲货币体系的出现等一系列重大变化使第二次世界大战后世界货币金融关系日趋复杂。

——国际金融机构的建立。第二次世界大战后出现了许多世界性的和区域性的国际金融组织和机构，其中影响最大的两个是国际货币基金组织（IMF）和国际复兴开发银行（IBRD，简称"世界银行"）。这两个组织机构的出现具有重大意义，它们在第二次世界大战后的世界经济发展中发挥了巨大作用，使第二次世界大战后的世界货币金融关系得到了进一步发展。

——国际储备资产的多元化发展。第二次世界大战前，世界各国的国际储备资产主要是黄金，第二次世界大战后各国外汇储备以美元为主。20 世纪 70 年代初布雷顿森林体系崩溃后，各国国际储备资产中的外汇部分开始呈现多元化趋势，由原来的单一美元转变为多种货币，增加了英镑、日元和刚诞生不久的欧元等货币种类。这种多元化发展，既为各国间国际债务的清偿提供了便利，又使国际债务清偿关系显得更为错综复杂，同时还对各国国际储备资产的管理提出了更高的要求。

——国际贸易的发展。第二次世界大战后国际贸易在规模上得到了急剧扩张，第二次世界大战以后的 60 年中，世界贸易以年均 6%的速度增长，比世界经济增长平均高 2.2 个百分点。贸易规模的扩张促使世界货币金融关系在量上也迅速扩大。同时，国际贸易方式也越来越多样化，早已超出了简单的商品进口和出口，还出现了补偿贸易、租赁贸易、招标与投标等形式。贸易形式的多样化促进了贸易结算方式的多样化，商业信用证、付款和履约保证书、信用卡、电子商务等多种结算方式不断创新；同时又使得银行在信用保证和信贷融通中的作用进一步加大。这些都为国际金融带来一系列新问题，促使世界货币金融关系进一步向纵深发展。

——跨国公司的涌现。20 世纪 60 年代后，跨国公司得到迅猛的发展，成为国际贸易、国际投资和国际生产的主体。跨国公司的生产经营活动直接带来了国际融资问题、资本的国际流动问题、国际资本的运营和管理问题，为国际金融增添了众多新课题。

——资本流动的变化。第二次世界大战后资本流动不仅在量上有了惊人的增长，而且在质上也出现了一些大的变化：第二次世界大战前资本流动基本上是宗主国向殖民地或附属国单向资本输出，或是由工业发达国家向工业落后国家单向资本输出；而第二次世界大战后则出现了发达国家相互之间的资本流动为主体的资本流向变化，还出现了发展中国家向发达国家的反向资本流动。此外，第二次世界大战前发达国家对落后国家的资本输出的特征是带有一定的强制性和掠夺性，第二次世界大战后的特征变化则是：众多发展中国家为了发展民族经济，一方面积极主动地采取措施吸收外资，另一方面又力图控制外资的投向，使其有利于本国经济的发展。这些变化为世界货币金融关系的发展带来了众多新变化和新问题。

——国际债务的发展。第二次世界大战后国际债务增长较快，特别是 20 世纪六七十年代以后，不少发展中国家开始大举借贷，以致国际债务规模急剧上升；又由于一些发展中国家利用外债效益不高，到期无力偿还，导致了 20 世纪 80 年代初期国际债务危机的爆发，甚至连美国这样的发达国家也沦为世界上的大债务国。这一切表明国际债务关系日趋错综复杂。

——国际金融市场的日趋发达和国际金融动荡的频繁发生。第二次世界大战后，随着西欧各国和日本经济的恢复，国际金融市场迅速发展。除美国纽约发展成为世界上最大的国际金融中心外，英国伦敦、瑞士苏黎世、法国巴黎、德国法兰克福、日本东京、中国香港等也都先后发展成为世界上主要的国际金融中心。20 世纪五六十年代兴起的离岸金融市场标志着金融市场国际化的新阶段。但在经济全球化背景下，国际金融市场的迅猛发展在有力推动世界货币金融关系发展、提高全球经济效益的同时，也带来了更大的金融风险和更易扩散的金融危机。20 世纪 90 年代以来，墨西哥金融危机、东南亚金融危机、俄罗斯金融危机、巴西金融危机先后爆发，并迅速扩散，严重影响了爆发国乃至整个全球的经济金融发展。

21 世纪以来，国际金融发展更是呈现出金融管制放松化、金融创新化、金融市场全球化、融资证券化、银行经营国际化、银行业务全能化、银行资本集中化、金融业务电子网络化、国际货币结构多元化、金融监管国际化的新趋势。这些新情况的出现，有力地推动了当代世界货币金融关系向纵深发展。

第二节 外汇与外汇汇率

一、外汇

（一）外汇概述

1.外汇的概念

外汇是国际经济活动得以进行的基本手段，是国际金融最基本的概念之一。外汇通常有两方面的含义：其一，是指一国货币兑换成另一国货币的实际过程，通过这种活动来清偿国际债权债务。如国际贸易结算时，一国的进口商需要用本国货币兑换其他国家的货币进行支付的行为，这是动态的外汇概念。其二，是国家间为清偿债权债务进行的汇兑活动所凭借的手段和工具，或者说是用于国际结算活动的支付手段和工具，这是静态的外汇概念。全面解释什么是外汇，就应该既包括动态的外汇概念，又包括静态的外汇概念。实际上，静态的外汇概念是从动态的汇兑行为中衍生出来并广为应用的，我们在日常生活中所用到的外汇概念以及在本书中所涉及的外汇概念主要是静态的，即用于国际结算的手段和工具。

国际货币基金组织对外汇有一个明确的定义：外汇是货币当局以银行存款、财政部库券、长短期政府证券等形式所保有的在国际收支逆差时可以使用的债权。可见，国际货币基金组织所说的外汇主要考虑的是静态含义。《中华人民共和国外汇管理条例》所称外汇，是指下列以外币表示的可以用作国际清偿的支付手段和资产：①外币现钞，包括纸币、铸币；②外币支付凭证或者支付工具，包括票据、银行存款凭证、银行卡等；③外币有价证券，包括债券、股票等；④特别提款权；⑤其他外汇资产。

2.外汇的特征

通常所说的静态意义上的外汇，应具有以下几个特征：

（1）外币性

外币性是以外币表示的资产。任何以本国货币表示的信用工具、支付手段、有价证券等对本国人来说都不能称其为外汇。例如，美元资产是国际支付手段中最为常用的一种外汇资产，但这是针对美国以外的其他国家而言的。

（2）可兑换性

可兑换性是指可以自由兑换成其他形式的，或以其他货币表示的资产。如果某种资产在国家间的自由兑换受到限制则不能称其为外汇。比如，有些国家的货币，受货币当局外汇管制的制约，不得在境内或境外自由兑换成其他国家的货币，以这种货币表示的各种支付工具也不能随时转换成其他货币表示的支付手段，那么这种货币或支付工具在国际上就不能被称为外汇。

（3）可偿付性

可偿付性是指这种外币资产能够保证得到偿付。一般来说，政府债券的可偿付性高于企业债券和股票，银行票据或银行承兑汇票可偿付性高于商业票据。

（二）外汇的主要分类

1.按照能否自由兑换可分为自由外汇和记账外汇

（1）自由外汇

自由外汇即不受任何限制就可兑换为任何一种货币的外汇，或可向第三国进行支付的外汇，其根本特征是可兑换的货币。目前世界上有50多种货币可自由兑换，能在国际结算中普遍使用的自由外汇有美元、欧元、英镑、瑞士法郎及日元等。

如果某种可自由兑换的货币被世界各国在经济往来中广泛接受并运用，则经常被称为世界通货。美元则是最好的例证，据统计，美元在全球外汇储备中约占60%，全球私人财富半数以美元表示，2/3的世界贸易以美元计价，在世界商业银行贷款中，3/4是以美元进行的。

（2）记账外汇

记账外汇也称协定外汇，即两国政府间支付协定项下的，只能用于双边清算的外汇。未经发行国货币当局批准，不能兑换为其他货币或对第三国进行支付。

2.按照汇率的变动趋势，外币可以分为硬通货和软通货

（1）硬通货

硬通货是指币值坚挺、购买力较强、汇率呈上涨趋势的自由兑换货币。

（2）软通货

软通货是指币值疲软、购买力较弱、汇率呈下跌趋势的自由兑换货币。

硬通货和软通货是相对的、动态的、变化的概念。一种货币在一段时间内是硬通货，过一段时间后可能是软通货。例如，欧元对美元的价格，在欧元产生时定价为1欧元=1美元，在欧元流通之初的一段时间内，欧元的价格不断下降，曾经跌到1欧元=0.7869美元，这段时间内，相对于美元而言，欧元是软通货，美元是硬通货；2004年下半年，欧元的价格一路升高，上升到1欧元=1.2356美元的水平，这段时间相对

于美元来说，欧元是硬通货，美元是软通货。

3.按照外汇交易中资金实际收付的时间可以分为即期外汇和远期外汇

（1）即期外汇

即期外汇也称现汇，是指外汇交易达成后，交易在两个营业日之内就可完成资金收付的外汇。各外汇市场对外汇交割事件的具体规定大同小异。

（2）远期外汇

远期外汇也称期汇，是指外汇交易达成后，交易者只能在合同规定的日期才能实际办理资金收付的外汇。远期外汇交割期限可以是 1 周，在多数情况下是 1—6 个月，也可长达 1 年以上。

4.按外币的形态可以分为外币现钞和外币现汇

外币现钞是指外国钞票、铸币，现钞主要由境外携入。外币现汇是指其实体在货币发行国本土银行的存款账户中的自由外汇，现汇主要由国外汇入，或由境外携入、寄入的外币票据，经银行托收，收妥后存入。各种外汇的标的物，一般只有转化为货币发行国本土的银行的存款账户中的存款货币，即现汇后，才能进行实际上的对外国际结算。外国钞票不一定都是外汇。外国钞票是否称为外汇，要看它能否自由兑换，或者说这种钞票能否重新回流到其他国家，而且可以不受限制地存入该国的某一商业银行的普通账户上去。当需要时可以任意转账，才能称之为外汇。

（三）外汇的作用

（1）转移国家间的购买力，使与国之间的货币流通成为可能

国际债权、债务关系是发生在不同国家之间的。由于各国的货币制度不同，一国的货币不能在另一国内流通，除了运送国家间共同确认的清偿手段——黄金以外，不同国家间的购买力是不能转移的。但外汇可以把一国货币兑换成另一国的货币，使各国货币购买力得以转移，促进了国际货币流通的发展。

（2）促进了国际贸易的发展

以外汇清算了结国家间的债权、债务，不仅大大节省了输送现金的费用，可以避免风险，能够加速资金周转，更重要的是通过各种信用工具的运用，使国际贸易中进

出口商之间的信用授受成为可能（如出口方同意进口商延期付款，则可开出远期汇票），因而促进了国际商品交换的发展。

（3）便利了国际资金供需之间的调剂

世界各国经济发展很不平衡，资金余缺情况不同，在客观上有调剂余缺的需要。利用外汇这种为各国普遍接受的国际支付手段，借助国际金融市场，可实现资金的国际转移，调剂国际资金余缺。

二、汇率

（一）汇率的概念

汇率是用一国货币兑换成另一国货币的比率，或者是两种不同货币之间的交换比价。实际上外汇也是一种特殊商品，汇率就是这种特殊商品的"特殊价格"。一般商品的价格是用货币表示的，但人们不能反过来用商品表示货币的价格。在国际汇兑中，不同的货币之间却可以相互表示对方的价格，因此，外汇汇率也就具有双向表示的特点：既可用本币表示外币价格，又可用外币表示本币价格。这里，本币和外币都有同样的表现对方货币价格的功能。至于是用本币表示外币，还是用外币表示本币，则取决于一国所采用的不同标价方法。

（二）汇率的标价方法

由于两种不同的货币可以互相表示，也就有两种基本的汇率标价方法，即直接标价法和间接标价法。20世纪五六十年代以来，西方各国的跨国银行普遍采用了美元标价法。

1.直接标价法

直接标价法是指以一定单位的外国货币为标准（1，100，10 000等）来计算折合多少单位的本国货币。直接标价法的特点是：外币数额固定不变，折合本币的数额根据外国货币与本国货币的币值对比的变化而变化。

在直接标价法下，外汇汇率的升降与本币币值的高低成反比例变化。

2.间接标价法

间接标价法是指以一定单位的本国货币标准（1，100，10 000等）来计算折合若干单位的外国货币。间接标价法的特点是本币数额固定不变，折合外币的数额根据本币与外币币值对比的变化而变化，如果一定数额的本币折合外币的数额增加，即本币升值，外币贬值；反之，如果一定数额的本币折合外币数额减少，则本币贬值，外币升值。

在间接标价法下，外汇汇率的升降与本币币值的高低成正比例变化。

世界上采用间接标价法的国家主要是英国和美国。英国是资本主义发展最早的国家，英镑曾经是国际贸易计价结算的中心货币。因此，长期以来伦敦外汇市场上的英镑采用间接标价法。第二次世界大战后，美国经济实力迅速扩大，美元逐渐成为国际结算、国际储备的主要货币。为了便于计价结算，从1978年9月1日开始，纽约外汇市场也改用间接标价法，以美元为标准公布美元与其他货币之间的汇率，但是对英镑和爱尔兰镑仍沿用直接标价法。

3.美元标价法

第二次世界大战后，由于美元在国际结算中的地位上升，也为了方便外汇交易，各国金融中心均采用美元标价法，即各大外汇市场都以美元为单位货币，通过其他国货币数量的变化表现出来。在外汇交易中，人们把各种标价方法下数量固定不变的货币叫作基准货币，数量不断变化的货币叫作报价货币或标价货币。

（三）汇率的种类

外汇汇率是外汇理论与政策以及外汇业务的一个中心内容，它虽然被定义为两种货币之间的价格之比，但在实际应用中汇率可以从不同角度划分为不同的种类，或者说，汇率在不同的场合具有不同的表现形式。

1.按汇率制定的不同方法，可分为基础汇率和套算汇率

（1）基础汇率

一个国家在制定汇率时，一般选择某一国货币作为主要对象，确定出本国货币和这种货币之间的汇率,这一汇率就是基础汇率。被选定的货币称为关键货币。关键货币是指在国际贸易中使用最多,在各国外汇储备中所占比重最大,可以自由兑换,并被各国普遍接受的货币。目前,各国一般把美元作为制定汇率的关键货币。一国在一定时期内,采取哪种货币作为关键货币不是一成不变的。

(2) 套算汇率

套算汇率是根据基础汇率套算出的本币与非关键货币之间的汇率。如果本币与美元之间的汇率是基础汇率,那么本币与非美元货币之间的汇率即为套算汇率,它是通过它们各自与美元之间的基础汇率套算出来的。

目前各国外汇市场上每天公布的汇率都是各种货币与美元之间的汇率,非美元货币之间的汇率均需通过美元汇率套算出来。

2. 按银行买卖外汇划分,可分为买入汇率、卖出汇率、中间汇率和现钞汇率

(1) 买入汇率

即买入价,是银行从同业或客户那里买入外汇时使用的汇率。

(2) 卖出汇率

即卖出价,是银行向同业或客户卖出外汇时使用的汇率。银行从事外汇的买卖活动分别以不同的汇率进行,当其买入外汇时往往以较低的价格买入,卖出外汇时往往以较高的价格卖出,低价买入、高价卖出之间的差价即为银行的经营费用和利润,一般约为 0.1%(也就是中间价上下各 0.05%),具体要根据外汇市场行情、供求关系和银行自己的经营策略而定。

买价和卖价是从银行角度来划分的,在直接标价法下,较低的价格为买入价,较高的价格为卖出价。例如,某月某日巴黎外汇市场上美元兑换法郎汇率为 1 美元等于 1.4422~1.4432 瑞士法郎,前者(1.4422)是银行从客户手中买入 1 美元所付出的瑞士法郎数额;后者(1.4432)是银行卖出 1 美元时所收取的瑞士法郎数额,其差价为 10 点。而在间接标价法下则相反,价格较低的是外汇卖出价,价格较高的是外汇买入价。例如,某月某日伦敦外汇市场上的美元兑换英镑汇率为 1 英镑等于 1.6040~1.6050 美元,则前者(1.6040)是银行收入英镑即卖出美元的价格,为卖出价,卖出

1美元收取0.6234英镑（1/1.6040）；后者（1.6050）是银行付出英镑即买入美元的价格，为买入价，买入1美元付出0.6231英镑（1/1.6050）。

（3）中间汇率

即中间价，就是买入汇率与卖出汇率的平均值。为了简便快捷，各种新闻媒体在报道外汇行情时都采用中间价，人们在了解和研究汇率变化时往往参照其中间价。

（4）现钞汇率

现钞汇率是银行收兑外币现钞时所使用的汇率。一般一国不允许外国货币在本国流通。银行收进来的外国现钞，除少量部分用来满足外国人回国或本国人出国的零星兑换需要外，余下部分必须运送到各外币现钞发行国去，或存入其发行国银行及有关外国银行才能使用或获取利息，这样就产生了外币现钞的保管、运送、保险等费用，这部分费用银行要在购买价格中事先予以扣除，所以，银行买入外币现钞的汇率要低于买入各种形式的支付凭证价格。

3.按外汇交易中支付方式的不同，可分为电汇汇率、信汇汇率和票汇汇率

（1）电汇汇率

电汇汇率也称电汇价，是指银行以电报解付方式买卖外汇时所用的汇率。银行卖出外汇后，立即用电报通知国外分支行或代理行将其款项解付给收款人。国际支付大多采用电讯传递，故电汇汇率是外汇市场的基准汇率，其他汇率都以电汇汇率为基础。一般外汇市场上所公布的汇率多为电汇买卖汇率。

（2）信汇汇率

信汇汇率也称信汇价，是银行用信函方式买卖外汇时所用的汇率。银行卖出外汇如果用信函通知国外分行支付，所用时间较长，银行可以在一定的时期内占用客户资金，因此信汇汇率比电汇汇率要低一些，其差额相当于邮程天数的利息，视邮程天数和利率情况而定。信汇汇率主要用于香港和东南亚地区，其他地区很少采用。

（3）票汇汇率

票汇汇率也称票汇价，是银行以票汇方式买卖外汇时所使用的汇率。银行承办票汇业务时，从卖出到付款也有一段时间，因此票汇汇率也低于电汇汇率。票汇分为即期票汇和远期票汇两种。远期票汇汇率较即期票汇汇率低，因为银行所占用顾客资金的时间更长一些。票汇是银行汇款结算方式之一，是指接受汇款的银行应汇款人的申请，代汇款人开立以其分行为解付行的即期汇票，交汇款人自行寄送给收款人或自己携带出国，凭票取款的一种汇款方式。

4.按外汇买卖成交后交割时间的长短不同，可分为即期汇率和远期汇率

（1）即期汇率

即期汇率也称现汇率，是交易双方达成外汇买卖协议后，在两个工作日以内办理交割的汇率。这一汇率一般就是现时外汇市场的汇率水平。外汇交割是指一方付出一种货币，另一方付出另一种货币的授受两清行为。

（2）远期汇率

远期汇率也称期汇率，是交易双方达成外汇买卖协议，约定在将来某一时间进行外汇实际交割所使用的汇率。这一汇率是双方以即期汇率为基础约定的，但往往与即期汇率有一定差价，其差价称为升水或贴水。当远期汇率高于即期汇率时称为外汇升水，当远期汇率低于即期汇率时称为外汇贴水。升贴水主要受利率差异、供求关系、汇率预期等因素的影响。另外，远期汇率虽然是未来交割所使用的汇率，但与未来交割时的市场现汇率是不同的，前者是事先约定的远期汇率，后者是将来的即期汇率。

5.按外汇管制程度的不同，可分为官方汇率和市场汇率

（1）官方汇率

官方汇率也称法定汇率。是外汇管制较严格的国家授权其货币当局制定并公布的本国货币与其他各国货币之间的外汇牌价。这些国家一般没有外汇市场，外汇交易必须按官方汇率进行。官方汇率一经制定往往不能频繁地变动，这虽然保证了汇率的稳定，但是汇率比较缺乏弹性。

（2）市场汇率

市场汇率是指外汇管制较松的国家在自由外汇市场上进行外汇交易的汇率。它一般存在于市场机制较发达的国家。在这些国家的外汇市场上，外汇交易不受官方限制，市场汇率受外汇供求关系的影响，自发地、经常地变动，货币当局不能规定市场汇率，而只能通过参与外汇市场活动来干预汇率变化，以避免汇率出现过度频繁或大幅度的波动。

在一些逐步放松外汇管制、建立外汇市场的国家中，可能会出现官方汇率与市场汇率并存的状况，在官方规定的一定范围内使用官方汇率，而在外汇市场上使用由供求关系决定的市场汇率。

（四）影响汇率变动的因素

与金本位制度下的汇率不同，一方面，当前货币体系下的汇率已失去了保持稳定的基础；另一方面，外汇市场上的汇率波动也不再具有黄金输送点的制约，波动成为汇率常态，任何能够引起外汇供求关系变化的因素都会造成外汇行市的波动。一般来讲，纸币制度下影响汇率变动的主要因素有以下5个方面：

1.国际收支

国际收支状况的好坏直接影响外汇市场的供求关系，在很大程度上决定了汇率的基本走势和实际水平。当一国的国际收支逆差时，说明本国外汇收入比外汇支出少，外汇的需求大于外汇的供给，外汇汇率上涨，本币对外贬值；反之，当一国处于国际收支顺差时，说明本国外汇收入比外汇支出多，外汇供给大于外汇需求，外汇汇率下跌，本币对外币升值。

2.通货膨胀率

在纸币流通的条件下，两国货币之间的比率，从根本上来说是由各自代表的价值量决定的。物价是一国货币价值在商品市场上的体现，通货膨胀就意味着该国货币代表的价值量的下降。因此，国内外通货膨胀率的差异就是决定汇率长期趋势的主导因素。在国内外商品市场相互密切联系的情况下，一国较高的通货膨胀率就必然反映在国际收支上。具体来看，高通货膨胀率会削弱本国商品在国际市场上的竞争力，引起出口的减少；同时会提高外国商品在本国市场上的竞争力，造成进口增加。另外，通货膨胀率差异还会影响人们对汇率的预期。如果一国通货膨胀率较高，人们就会预期该国货币汇率趋于下降，会把手中持有的该国货币转化为其他货币，造成该国货币在外汇市场上的供给大于需求，汇率下跌。总而言之，如果一国通货膨胀率高于他国，该国货币在外汇市场上就会趋于贬值；反之，则会趋于升值。

3.利率差异

利率也是货币资产的一种"特殊价格"，它是借贷资本的成本和利润。在开放经济和市场经济条件下，利率水平变化与汇率变化息息相关，主要表现在当一国提高利率水平或本国利率高于外国利率时，会引起资本流入该国，由此产生对本国货币的需求增加，使本币升值、外币贬值；反之，当一国降低利率水平或本国利率低于外国利率时，会引起资本从本国流出，由此产生对外汇的需求增加，使外汇升值、本币贬值。

4.经济增长率

国内外经济增长率的差异也会影响到汇率的变动。当一国经济增长率较高时，收入上升促使进口增加；同时，高经济增长率往往伴随着劳动生产率的提高，使本国产品竞争力增强，有利于出口。经济增长率对汇率的影响主要取决于两种经济力量的对比。一般来说，高经济增长率的国家对本国币值的稳定和升值具有支持作用。

5.政府的管制

尽管第二次世界大战后西方各国政府纷纷放松了对本国的外汇管制，但政府对外汇市场的干预仍是影响外汇市场供求关系和汇率水平的重要因素。当外汇市场汇率波动对一国经济、贸易产生不良影响或政府需要通过汇率调节来达到一定政策目标时，货币当局便可以参与外汇买卖，在市场上大量买进或抛出本币或外汇，以改变外汇供求关系，促使汇率发生变化。为进行外汇市场干预，一国需要有充足的外汇储备，或者建立专门的基金、外汇平准基金、外汇稳定基金等，随时用于对外汇市场的干预。政府干预汇率往往是在特殊情况下（如市场汇率剧烈波动、本币大幅度升值或贬值等），或者为了特定的目标（如促进出口、改善贸易状况等）而进行的，它对汇率变化的作用一般是短期的。

第三节 决定汇率的理论

一、购买力平价理论

购买力平价理论是西方国家汇率理论中最具影响力的一个理论,由瑞典经济学家卡塞尔在其 1922 年公开发表的《1914 年以后的货币与外汇理论》中提出的。这一学说的主要论点是:人们之所以需要外国货币,是因为它在发行国具有购买力。因此,一国货币对另一国货币的汇率,主要是由两国货币分别在两国所具有的购买力决定的。两国货币购买力之比,决定两国货币交换的比率,也就是汇率购买力平价有两种形式,即绝对购买力平价和相对购买力平价。

绝对购买力平价是指在一个时点上,两国货币间的均衡汇率取决于两个国家货币购买力之比。购买力是一般物价水平的倒数,所以绝对购买力平价又可以表示为两国的一般物价水平之比。绝对购买力平价实际上也是"一价定律"。因为按照卡塞尔的理论,如果在自由贸易条件下,各国间的贸易无任何费用和关税,由于存在商品套购,会使世界各地商品价格一致。尽管以各国货币标示的价格不一样,但这只不过是按照汇率把以一国货币标示的价格折算成以另一国货币标示的价格而已。

相对购买力平价是指在一定时期内汇率的变动同两国货币购买力水平相对的变动成比例,即两国货币之间的汇率等于过去的汇率乘以两国物价上涨率之比。相对购买力平价避开了"一价定律"的严格假设,因而更富有现实意义。

购买力平价说提出后一直在西方汇率理论中占有重要地位。它把两国货币的购买力之比作为决定其汇率的基础,这是有其合理性的。因为一国货币在国内的购买力是它的内在价值的一种体现,而一国货币的对内价值则是决定其对外价值的基础。不过,从这里也可看出购买力平价说在理论上的一种颠倒，它不是把一国货币的购买力看作其内在价值的外在体现，而是把其内在价值看作由其购买力决定的。另外，作为其理论基础的"一价定律"，在现实世界中由于种种障碍而往往不能实现。

虽然有这些缺陷，购买力平价说仍不失为一种很有价值的汇率理论。它揭示了汇率变动的长期的、根本性的原因，在一定程度上符合汇率运动的现实，仍然闪烁着真理的光辉。

二、利率平价理论

利率平价理论是由英国经济学家凯恩斯于1923年在其《货币改革论》一书中首先提出，后经西方一些经济学家发展而成。利率平价理论认为，由于各国间的利率存在着差异，投资者为获取较高的收益，就将其资本从利率低的国家和地区，转移到利率高的国家和地区，这种投资行为最终必然使两个国家或地区的利率趋于相等。并且投资的过程使高利率的货币远期贴水，低利率的货币远期升水；而升贴水率等于两种货币的利差。利率平价说由于忽略了外汇交易的成本因素，也未考虑外汇管制等限制资本流动的因素，而使得按该理论预测的远期汇率同即期汇率的差价往往同实际不符。特别是在货币危机的条件下，按该理论预测的远期汇率同即期汇率的差价更同实际相距甚远。

三、国际收支理论

第一次世界大战以前流行的国际收支说，是英国经济学家戈逊的国际借贷理论。该理论的主要观点是：一国货币汇率的变化，是由外汇的供给与需求决定的，而外汇的供给与需求则取决于该国对外流动借贷的状况，即流动借贷才会影响外汇的供求关系。当一国的对外债权大于对外债务，对外流动借贷出现顺差时，外汇供给大于外汇需求，该国货币汇率则上涨；反之，外汇需求大于外汇供给，该国货币汇率则下跌。

如果一国对外债权等于对外债务，外汇供求平衡，则汇率不会发生变化。

新的国际收支说是凯恩斯主义的汇率理论。该理论认为：外汇汇率决定于外汇的供求。由于国际收支状况决定着外汇的供求，因而汇率实际取决于国际收支。经常账户收支是影响外汇供求的决定性因素。一国经常账户收支状况取决于该国国民收入状况：国民收入下降，进口需求缩减，贸易收支改善，本币汇率上升；国民收入上升，进口需求扩大，贸易收支恶化，本币汇率下降。资本金融账户收支也会影响汇率：本国利率相对高于外国，由于本国资产（货币、证券）与外国资产之间具有相互替代性，会导致资本内流，外汇供给增加，对本币的需求增大，从而本币汇率上升；反之，本国利率相对低于外国，则会导致资本外流，市场上本币供给增加，对外币的需求增大，从而本币汇率下跌。

国际收支说对于短期汇率的分析是有贡献的，但其局限性也是明显的。首先，它只适合于有发达的外汇市场的国家，如果外汇市场不发达，外汇供求的真实情况就会被掩盖。其次，凯恩斯主义汇率理论过于强调国民收入和经常账户收支对汇率的影响，失之偏颇。例如，在 20 世纪 80 年代前半期，美国既有巨额的经常账户收支逆差，又有美元的高汇率，就是一个反例；反例之二是，日本、德国是西方国家中国民收入增长快的国家，而其货币则长期处于坚挺状态。

四、汇兑心理说

汇兑心理说是由法国经济学家阿夫塔理昂于 1927 年在其所著的《货币、物价与汇兑》一书中提出的。该学说的理论基础是边际效用论，创立的历史背景是：法国在 1924 年—1925 年间的国际收支均为顺差，但法郎汇率反而下降。而国际收支说显然不能对此作出解释。1926 年—1929 年，由于汇率下跌过多，造成法国国内物价的上涨，此现象也不符合购买力平价说，因为按照卡塞尔的理论，物价是影响汇率的。

阿夫塔理昂根据奥地利学派的边际效用论来解释这种反常现象，认为人们之所以需要外国货币，是为了满足自身的欲望，如对外国商品的购买、各种对外支付、投资以及外汇投机、资本逃避等。这种欲望是使外国货币具有价值的基础。因此，外国货币的价值取决于外汇供需双方对外币所做的主观评价。外币价值的高低，是以人们的主观评价中边际效用的大小为转移的。外汇供给增加，边际单位的效用就递减，人们所做的主观评价就降低；反之人们所做的主观评价就提高。不同的人对外币的主观评价虽然不同，但通过外汇自由市场，供求双方达成均衡，这时的价格，就是外汇汇率。随着人们对外币主观评价的变化，汇率亦不断地变动。

汇兑心理说以客观事实为基础，反映汇兑心理的变化。从存在决定意识这个角度来衡量，是无可非议的。在市场经济中，心理预期对市场预测特别是对外汇市场预测，确实具有一定的影响。但是，汇兑心理说的主观色彩比较浓厚，把边际效用看成汇率变动的主要根据，是缺乏科学性的。事实上，自20世纪70年代以来，在国际金融动荡时期，汇率变动并不完全符合人们的心理预期，因而可以说这一理论带有相当程度的主观片面性。

五、资产市场说

资金市场说是20世纪70年代以来由货币学派国际金融专家、美国芝加哥大学教授弗兰克尔等人所创立的汇率理论。该理论提供了预测汇率的可能性。而且，这种预测几乎深入所有的客观经济结构中，因为与金融资产价格相关的汇率受到下列因素的综合影响：货币和金融资产供需的变化、经济与金融条件及事态的发展（如利率和通货膨胀等）、货币与财政政策、市场预期、有效市场行为等。汇率预测包括了影响金融资产供需因数的综合比较。但是，这个学说也存在一些不足之处，它只着眼于金融资产，而忽略了商品、劳务流转对汇率的影响。要使这个资产市场学说付诸实施，必须具有发达的国际金融市场，没有资本管制和外汇管制，或者这些管制很宽松，实行真正的自由浮动汇率制度。如果不具备这些前提条件，资产市场学说将难以实施，也就失去了实际意义。

由上述可见，西方各个学派的现代汇率理论各有所长，又各有所短，但具有互相促进和补充的趋势。

第二章 国际金融组织

第一节 全球性国际金融组织

第二次世界大战末期,为了结束国际货币金融领域的动荡混乱局面,西方主要国家牵头筹建国际金融组织。1944年7月召开的布雷顿森林会议达成《国际货币基金协定》和《国际复兴开发银行协定》,两份协定于1945年12月27日生效,由此建立起全球性国际金融组织——国际货币基金组织和世界银行集团。

一、国际货币基金组织

(一)成立的背景与宗旨

国际货币基金组织成立于1945年12月27日,它是特定历史条件下的产物。鉴于战前金本位制崩溃之后,国际货币体系长期混乱及其所产生的严重的后果,进行新的国际货币制度安排日益成为突出的问题。为此,在第二次世界大战期间,英美两国政府开始筹划战后的国际金融工作。1943年,英美两国先后公布了国际货币问题的凯恩斯计划和怀特计划。1944年,又发表了关于建立国际货币基金的专家联合声明。1944年,英美等国利用参加筹建联合国会议和机构的机会,在美国的新罕布什尔州的布雷顿森林召开了具有历史意义的联合国货币与金融会议,并通过决议成立国际货币基金组织作为国际性的常设金融机构。1945年,代表该基金初始份额80%的29国政府，在华盛顿签署了《国际货币基金协定》，自此国际货币基金组织宣告正式成立。国际货币基金组织的成立，为二战后以美元为中心的国际货币体系的建立与发展奠定了组织基础。

1946年3月，国际货币基金组织在美国佐治亚州萨凡纳召开首次理事会创立大会，选举了首届执行董事，并决定总部设在华盛顿。同年5月，基金组织召开第一届执行董事会，会上选出比利时人格特为总裁兼执行董事会主席；9月、10月间，基金组织和世界银行理事会第一届年会在华盛顿召开；12月，基金组织公布当时32个成员国的货币对黄金和美元的平价。1947年3月，国际货币基金组织宣布开始办理外汇交易业务。同年11月15日，国际货币基金组织成为联合国的一个专门机构。国际货币基金组织成立之初有创始国39个，目前拥有180多个成员国，遍布世界各地。该组织现已成为名副其实的全球性国际金融组织。

根据《国际货币基金组织协定》第一条的规定，该组织有6条宗旨：①设立一个永久性的就国际货币问题进行磋商与合作的常设机构，促进国际货币合作；②促进国际贸易的扩大与平衡发展，借此提高就业和实际收入水平，开发成员国的生产性资源，以此作为经济政策的主要目标；③促进汇率的稳定，在成员国之间保持有秩序的汇率安排，避免竞争性的货币贬值；④协助成员国建立经常性交易的多边支付制度，消除妨碍世界贸易发展的外汇管制；⑤在有适当保证的条件下，向成员国提供临时性的资金融通，使其有信心且利用此机会纠正国际收支的失衡，而不采取危害本国或国际经济的措施；⑥缩短成员国国际收支不平衡的时间，减轻不平衡的程度。

国际货币基金组织成立以来，已对协定作过多次修改，但这些宗旨并没有改变。由此可见，半个世纪以来，虽然世界经济与政治格局发生了巨大的变化，但是国际货币合作的重要性并未随时间的推移而减弱。相反，随着成员国的不断增加、各国经济依赖性的不断增强以及国际金融危机的时常爆发，这种国际货币、汇率政策的合作与协调显得更加重要。随着各种新情况的出现和复杂化，国际货币基金组织本身的改革也势在必行。

（二）组织形式

国际货币基金组织是一个以会员国入股方式组成的经营性组织。与一般股份公司不同的是，它不以营利为其经营的直接目的。国际货币基金组织的管理机构由理事会、执行董事会、总裁、副总裁及各业务机构组成。理事会是最高权力机构，由会员国各选派1名理事和副理事组成。理事一般由各国财政部部长或中央银行行长担任，负责日常工作的机构是执行董事会。执行董事会由当时认缴份额最多的美国、英国、德国、法国、日本5国各委派1名执行董事，我国和最大的债权国沙特阿拉伯各单独委派1名执行董事，以及按国家或地区推选出的15名执行董事，共22人组成。总裁是由执行董事会推选出的，是基金组织的最高行政领导人。总裁任期5年，同时兼任执行董事会主席。但总裁在平时并无投票权，只有在执行董事会进行表决后双方票数相等时，才拥有决定性的一票。总裁之下设副总裁，协助总裁工作。

另外，基金组织还设有临时委员会，负责有关国际货币体系的管理和改革问题；还与世界银行共同设立了发展委员会，专门研究和讨论向发展中国家提供援助、转移实际资源的问题。

国际货币基金组织的重大决议和活动，要由会员国投票决定。凡是重大问题，要有80%～85%的赞成票才能通过。各会员国都有250票的基本投票权，然后在基本投票权的基础上，再按认缴份额每10万美元增加一票。所以各国投票权的多少主要由各会员国在基金组织的认缴份额所决定，认缴份额多则投票权就多。美国认缴份额最大，所以其拥有的投票权最多，在基金组织拥有最大的表决权和否决权。

（三）资金来源

作为一个以会员国入股方式组成的经营性组织，国际货币基金组织的资金来源主要有三个渠道，分别是份额、借款和信托基金。

1.份额

这构成基金组织资金的基本来源。根据《国际货币基金协定》，会员国必须向基金组织缴纳一定份额的基金。1975年以前，会员国份额的25%是以黄金缴纳，但在1976年牙买加会议以后，国际货币基金组织废除了黄金条款，这25%的份额改以特别提款权或可自由兑换货币缴纳。份额的75%可以用本币缴纳，即以本国货币缴纳存放于本国中央银行，但在国际货币基金组织需要时可以随时动用。各会员国认缴份额的大小，由基金理事会决定，主要综合考虑会员国的国民收入、黄金与外汇储备、平均进出口额及其变化率等多方面的因素。根据基金组织的规定，对各会员国的份额，每隔5年重新审定和调整一次。份额的单位原为美元，后改以特别提款权计算。国际货币基金组织最初创立时各会员国认缴的份额总值为76亿美元，此后随着会员国的不断增加及份额的不断调整，份额总数不断提高。

2.借款

这是基金组织另一项重要的资金来源，但借款总额有限度规定，一般不得超过基金份额总量的50%～60%。国际货币基金组织可以通过与成员国协商，向成员国借入资金，作为对成员国提供资金融通的来源。它可以选择任何货币和任何来源寻求所需款项，不仅可以向官方机构借款，也可以向私人组织借款，包括商业银行借款。

3.信托基金

这是一项新的特殊的资金来源。1976年国际货币基金决定，在市场出售一部分成员国原来缴纳的黄金，以其所得利润作为信托基金，向最贫穷的成员国提供信贷。

（四）业务活动

1.汇率监督与政策协调

为了保证有秩序的汇兑安排和汇率体系的稳定，取消不利于国际贸易的外汇管制，防止成员国操纵汇率或采取歧视性的汇率政策以谋求竞争利益，国际货币基金组织对成员国的汇率政策进行监督。这种监督有两种形式：第一，在多边基础上的监督。国际货币基金组织通过分析发达国家的国际收支和国内经济状况，评估这些国家的经济政策和汇率政策对维持世界经济稳定发展的总体影响。第二，在个别国家基础上的监督。主要是检查各成员国的汇率政策是否符合基金协定所规定的义务和指导原则。近年来，随着成员国经济往来中依赖性的增强、国际经济一体化和国际资本流动的加速以及国际金融市场的动荡，第一种形式越来越重要。

根据基金组织协定第四条第三款，汇率监督有三个主要的指导原则：第一，成员国应避免为了调整本国的国际收支,或为了取得对其他成员国的不公平的竞争优势而操纵汇率或国际货币体系;第二,成员国在必要时应干预外汇市场,以应对混乱局面,尤其是本国货币汇率出现的破坏性的短期波动;第三,成员国在采取干预政策时,应考虑其他成员国的利益,包括其货币受到干预的国家的利益。

除了对汇率政策的监督外,国际货币基金组织在原则上每年与各会员国进行一次磋商,以对会员国经济和金融形势以及经济政策作出评价。这种磋商的目的是使基金组织能够履行监督会员国汇率政策的责任,并且有助于使基金组织了解会员国的经济发展状况和采取的政策措施,从而能够迅速处理会员国申请贷款的要求。国际货币基金组织每年派出经济学家组成的专家小组到会员国搜集统计资料,听取政府对经济形势的估计,并同一些特别重要的国家进行磋商。

2.贷款业务

根据国际货币基金组织的规定,当成员国发生国际收支不平衡时,国际货币基金组织对成员国提供短期信贷。这些贷款具有下列特点:①贷款对象限于成员国政府,国际货币基金组织只同成员国的财政部、中央银行及类似的财政金融机构往来;②贷款用途只限于解决短期性的国际收支不平衡,用于贸易和非贸易的经营项目的支付;③贷款期限限于短期,属短期贷款;④贷款额度是按各成员国的份额及规定的各类贷款的最高可贷比例,确定其最高贷款总额;⑤贷款方式是根据经磋商同意的计划,由借款成员国使用本国货币向基金组织购买其他成员国的等值货币(或特别提款权),偿还时,用特别提款权或国际货币基金组织指定的货币买回过去借用时使用的本国货币(一般称为购回)。

国际货币基金组织发放贷款的条件比较严格,贷款国必须向基金组织阐明其为改善国际收支状况而采取的政策措施,并受基金组织的监督,以保证实施。其贷款种类主要有以下几种:

(1)普通贷款

普通贷款即"普通提款权",是国际货币基金组织最基本的贷款,也称为基本信用贷款,主要用于会员国短期国际收支逆差的资金需求。它是国际货币基金组织利用各会员国认缴的份额形成的基金,对会员国提供的短期信贷,贷款期限一般不超过5

年，利率随期限递增。国际货币基金组织对会员国的普通贷款采取分档政策，即将会员国的普通提款权划分为储备部分贷款和信用部分贷款。贷款额度最高不超过会员国缴纳份额的 125%，其中的 25%即储备部分贷款，又称作"会员国在基金组织的储备头寸"。由于有会员国以黄金或外汇及特别提款权缴纳的份额作保证，所以会员国可自动提取，不必经过专门批准。其余贷款即信用部分贷款，分四个档次，每档占 25%，被基金组织分别采取不同的政策加以对待。贷款条件的严格程度逐级递增，贷款档次越高，贷款条件越严。

（2）出口波动补偿贷款

出口波动补偿贷款是国际货币基金组织于 1963 年 2 月为稳定原料出口价格、缓和与发展中国家的矛盾，对因出口收入暂时下降或谷物进口支出增大而发生国际收支困难的、以初级产品出口为主的发展中国家设立的一项专用贷款。贷款期限为 3~5 年。贷款额度最初规定为会员国缴纳份额的 25%，1966 年 9 月提高到 50%。后经基金组织同意，最高限额可达份额的 100%。1989 年 1 月，国际货币基金组织以"补偿与应急贷款"取代出口波动补偿贷款，贷款最高额度为份额的 120%。贷款条件是借款国出口收入下降或谷物进口支出增加应是暂时性的，而且是会员国本身无法控制的原因造成的，同时借款国必须同意与国际货币基金组织合作执行国际收支的调整计划。

（3）缓冲库存贷款

缓冲库存贷款是国际货币基金组织于 1969 年 6 月因稳定会员国初级产品出口价格而建立国际商品缓冲库存的资金需要，向初级产品出口国提供的一种专项信贷。其作用是在初级产品价格波动时，通过所设立的国际商品缓冲库存来抛售或购进该初级产品，以稳定其价格，保证出口国的收入。该贷款期限为 3~5 年，贷款最高限额不超过会员国缴纳份额的 50%。国际货币基金组织认定的只用于缓冲库存贷款的初级产品有锡、可可、糖、橡胶等。

（4）石油贷款

石油贷款是国际货币基金组织于 1974 年 6 月为帮助会员国克服因石油涨价引起的国际收支困难而设立的临时性专项信贷。贷款期限为 3~7 年，贷款最高额度最初为会员国缴纳份额的 75%，1975 年提高到 125%。其资金来源主要是从产油国和发达国家借来的资金，到 1976 年 5 月全部发放完毕。

（5）中期贷款

中期贷款又称扩展贷款，是国际货币基金组织于 1974 年 9 月为帮助会员国克服长期国际收支逆差的困难而设立的专项贷款，主要用于满足会员国长期国际收支逆差的资金需求。贷款期限为 4~10 年。贷款最高限额为借款会员国缴纳份额的 140%。贷款采取分期发放与分期偿还的方式。

（6）信托基金贷款

信托基金贷款是国际货币基金组织于 1976 年 1 月以出卖黄金的收入，为支持贫穷的发展中国家的经济发展而设立的专项信贷。信托基金是用基金组织出卖黄金时的市场价格超过会员国缴纳份额时所规定的黄金官价的那部分收入建立起来的。贷款期限为 5 年。贷款主要面对 1973 年人均国民收入不超过 360 美元的国家。

（7）补充贷款

补充贷款是国际货币基金组织于 1977 年所设立的在会员国国际收支严重不平衡出现持续性逆差时，用于弥补普通贷款和中期贷款的不足的一项专用信贷。由于此项贷款根据基金组织第五任总裁约•维特芬的建议而设立，因此又被称为"维特芬贷款"。其资金来源主要由石油生产国与发达国家提供。贷款期限为 0.5~7 年，备用安排期为 1~3 年。1981 年 4 月已全部发放完毕。

（8）扩大贷款

扩大贷款是在补充贷款的发放完成后，国际货币基金组织以同样条件对那些份额少而经济面临严重困难、需要大规模调整的，而且出现持续性巨额国际收支逆差的会员国提供的一项贷款。

（9）结构调整贷款与加强的结构调整贷款

结构调整贷款与加强的结构调整贷款是国际货币基金组织分别于 1986 年 3 月和 1987 年 12 月为了帮助低收入发展中国家解决长期性国际收支不平衡而进行经济结构调整所设立的贷款项目。其资金来源为信托基金贷款的还款及国际货币基金组织的利息收入与对外借款。其贷款条件较为优惠，期限较长，利率较低。贷款额度主要取决于借款国与基金组织的合作态度及其为改善经济结构所做的努力。

（10）制度转型贷款

制度转型贷款是国际货币基金组织于1993年4月为了帮助东欧国家解决由计划经济向市场经济转变过程中所引起的国际收支困难而设立的专项贷款。贷款期限为4～10年，贷款最高限额为会员国缴纳份额的50%。此项贷款的获得与否及其额度的多少主要取决于借款国与基金组织的合作态度及其为其经济转型所作出的切实有效的努力。

除上述各项贷款外，国际货币基金组织还设置了在突发情况下的紧急贷款机制。这一机制可以保证当会员国际收支账户出现危机或受到威胁可能引发危机时，国际货币基金组织能够立即作出反应，迅速进行相应的贷款安排，以使危机尽快得到解决。

国际货币基金组织在安排会员国贷款额度时，掌握的一般原则是：1年内安排的额度最多为会员国缴纳份额的150%；3年内安排的额度最多为份额的450%；在规定情况下，累计最高限额可达份额的600%。但实际上，单个会员国是不会同时借到上述各类款项的。另外，国际货币基金组织发放贷款时，除按规定收取不同形式及不同比例的贷款利息外，还要收取贷款手续费和承诺费。

国际货币基金组织的贷款与其他商业性贷款有很多区别，其中一个主要区别在于它的条件。国际货币基金组织通过发放各类贷款，对成员国克服国际收支出现的困难及稳定汇率等，无疑有积极的一面。但其附加的条件及贷款所带来的负面效果，至今仍招致不少议论与批评。国际货币基金组织对成员国的贷款申请，始终是很慎重的，对那些已陷入危机而需巨额援助的成员国，更会附上严格的贷款条件。一般来说，当一成员国向其申请贷款时，国际货币基金组织首先会组织专家小组，直接赴借款国实地考察，分析该国的经济形势，尤其是国际收支存在的问题，并由专家小组制定一组综合的经济政策和经济目标，即经济调整计划，借款国只有同意并接受该调整计划，才能获得贷款资格。另外，国际货币基金组织对贷款的发放也不是一步到位的，而是以一定的时间间隔分期发放，如果借款国没有履行贷款条件，国际货币基金组织便停止发放新的贷款。这种经济调整计划一般都会包括以下几项内容：减少财政赤字，削减各种开支，实行紧缩的货币政策，增加出口或减少进口及扩大金融市场开放度等。对国际货币基金组织来说，它可能会认为所有这些措施，都是为了维护国际金融秩序，降低贷款风险，帮助成员国渡过难关。但对具体的受援国来讲，这些条件和措施是良药还是劣药，可能还得作具体分析。

二、世界银行集团

世界银行集团是若干全球性金融机构的总称。目前由世界银行本身即国际复兴开发银行、国际开发协会、国际金融公司、多边投资担保机构和解决投资纠纷国际中心五个机构组成。世界银行集团的主要职能是促进成员国经济长期发展，协调南北关系和稳定世界经济秩序等。下面对世界银行、国际开发协会和国际金融公司这三个主要机构作具体分析。

（一）世界银行

1.世界银行的宗旨与职能

世界银行是1944年7月布雷顿森林会议后，与国际货币基金组织同时产生的两个国际性金融机构之一，也是联合国下属的一个专门机构。世界银行于1945年12月正式宣告成立，1946年6月开始办理业务，1947年11月成为联合国的专门机构。该行的成员国必须是国际货币基金组织的成员国，但国际货币基金组织的成员国不一定都参加世界银行。

世界银行与国际货币基金组织两者起着相互配合的作用。国际货币基金组织主要负责国际货币事务方面的问题，其主要任务是向成员国提供解决国际收支暂时不平衡的短期外汇资金，以消除外汇管制，促进汇率稳定和国际贸易的扩大。世界银行则主要负责经济的复兴和发展，向各成员国提供发展经济的中长期贷款。

按照《国际复兴开发银行协定》的规定，世界银行的宗旨是：①通过对生产事业的投资，协助成员国经济的复兴与建设，鼓励不发达国家对资源的开发；②通过担保或参加私人贷款及其他私人投资的方式，促进私人对外投资。当成员国不能在合理条件下获得私人资本时，可运用该行自有资本或筹集的资金来补充私人投资的不足；③鼓励国际投资，协助成员国提高生产能力，促进成员国国际贸易的平衡发展和国际收支状况的改善；④在提供贷款保证时，应与其他方面的国际贷款配合。世界银行在成立之初，主要是资助西欧国家恢复被战争破坏了的经济，但在1948年后，欧洲各国开始主要依赖美国的马歇尔计划来恢复战后的经济，世界银行于是主要转向向发展中国家提供中长期贷款与投资，促进发展中国家经济和社会的发展。

2.世界银行的组织机构

世界银行是具有股份性质的一个金融机构，设有理事会、执行董事会、行长及具体办事机构。理事会是世界银行的最高权力机构，由每一成员国委派理事和副理事各一名组成。执行董事会负责银行的日常业务，行使理事会授予的职权。银行政策管理机构由行长、若干副行长、局长、处长及工作人员组成。世界银行对我国的贷款业务，由东亚及太平洋地区国家三局负责，国家三局也称中国和蒙古国家局，简称"中蒙局"。

3.世界银行的资金来源

世界银行的资金来源主要有以下三个方面：

（1）成员国缴纳的股金

世界银行成立之初，法定股本为100亿美元，分为10万股，每股10万美元。后经几次增资，截至1993年6月，法定股本为1530亿特别提款权。根据世界银行协定原来的规定，成员国认缴的股金分两部分缴纳：第一，成员国参加时应缴纳认缴股金的20%，其中的2%必须用黄金或美元支付，世界银行有权自由使用这一部分股金，其余的18%用成员国的本国货币支付，世界银行须征得该成员国的同意才能将这部分股金用于贷款。第二，成员国认缴股金的80%是待缴股本，它可在世界银行因偿还借款或清偿债务而催缴时，以黄金、美元或世界银行需用的货币支付。但在1959年增资时，成员国实缴股金降为10%，其中以黄金、美元缴纳的部分降为1%，以本币缴付的部分降为9%，其余部分为待缴股金。

（2）发行债券取得的借款

在实有资本极其有限而又不能吸收短期存款的条件下，世界银行主要通过在各国和国际金融市场发行债券来筹措资金。在世界银行的贷款总额中，约有80%是依靠发行债券借入的。世界银行在借款方面的基本政策是：借款市场分散化，以防止对某一市场的过分依赖。世界银行发行债券的方式主要有两种：一是直接向成员国政府、政府机构或中央银行出售中短期债券；二是通过投资银行、商业银行等中间包销商向私人投资市场出售债券。用后一种方式出售的债券的比重正在不断提高。由于世界银行信誉优良，其发行的债券一直被评为 AAA 级，因而在国际资本市场上获得了比较优惠的融资条件，并成为世界上最大的非居民借款人。

（3）留存的业务净收益和其他资金来源

世界银行从 1947 年开始营业以来，除第一年有小额亏损外，每年都有盈余。世界银行将历年业务净收益的大部分留作银行的储备金，小部分以赠款形式拨给国际开发协会作贷款资金。

世界银行还有两种辅助的资金来源，一种是借款国偿还的到期借款额；另一种是银行将部分贷款债权转让给私人投资者（主要是商业银行）而收回的资金。

4. 世界银行的主要业务活动

向成员国尤其是发展中国家提供贷款是世界银行最主要的业务。世界银行贷款从项目的确定到贷款的归还，都有一套严格的条件和程序。

（1）贷款条件

第一，世界银行只向成员国政府，或经成员国政府、中央银行担保的公私机构提供贷款。

第二，贷款一般用于世界银行审定、批准的特定项目，重点是交通、公用工程、农业建设和教育建设等基础设施项目。只有在特殊情况下，世界银行才考虑发放非项目贷款。

第三，成员国确实不能以合理的条件从其他方面取得资金来源时，世界银行才考虑提供贷款。

第四，贷款只发放给有偿还能力且能有效运用资金的成员国。

第五，贷款必须专款专用，并接受世界银行的监督。世界银行不仅在使用款项方面，而且在工程的进度、物资的保管、工程管理等方面都可进行监督。

（2）贷款特点

第一，贷款期限较长。按借款国人均国内生产总值将借款国分为四组，每组期限不一。第一组为15年，第二组为17年，第三、四组为20年。贷款宽限期3~5年。

第二，贷款利率参照资本市场利率而定，一般低于市场利率，现采用浮动利率计息，每半年调整一次。

第三，借款国要承担汇率变动的风险。

第四，贷款必须如期归还，不得拖欠或改变还款日期。

第五，贷款手续严密，从提出项目、选定、评定到取得贷款，一般要1年半到2年时间。

第六，贷款主要向成员国政府发放，且与特定的工程和项目相联系。

（3）贷款程序

第一，借款成员国提出项目融资设想，世界银行与借款国洽商，并进行实际考察；第二，双方选定具体贷款项目；第三，双方对贷款项目进行审查与评估；第四，双方就贷款项目进行谈判、签约；第五，贷款项目的执行与监督；第六，世界银行对贷款项目进行总结评价。

（4）贷款种类

第一，项目贷款。这是世界银行传统的贷款业务，也是最重要的业务。世界银行贷款中约有90%属此类贷款。该贷款属于世界银行的一般性贷款，主要用于成员国的基础设施建设。

第二，非项目贷款。这是一种不与具体工程和项目相联系的，而是与成员国进口物资、设备及应对突发事件、调整经济结构等相关的专门贷款。

第三，技术援助贷款。它包括两类：一是与项目结合的技术援助贷款，如对项目的可行性研究、规划、实施，项目机构的组织管理及人员培训等方面提供的贷款；二是不与特定项目相联系的技术援助贷款，亦称"独立"技术援助贷款，主要用于资助为经济结构调整和人力资源开发而提供的专家服务。

第四，联合贷款。这是一种由世界银行牵头，联合其他贷款机构一起向借款国提供的项目融资。该贷款设立于20世纪70年代中期，主要有两种形式：一是世界银行与有关国家政府确定贷款项目后,即与其他贷款者签订联合贷款协议,而后它们各自按通常的贷款条件分别与借款国签订协议,各自提供融资;二是世界银行与其他借款者按商定的比例出资,由前者按贷款程序和商品、劳务的采购原则与借款国签订协议,提供融资。

第五,"第三窗口"贷款,亦称中间性贷款,是指在世界银行和国际开发协会提供的两项贷款(世界银行的一般性贷款和国际开发协会的优惠贷款)之外的另一种贷款。该贷款条件介于上述两种贷款之间,即比世界银行贷款条件宽,但不如开发协会贷款条件优惠,期限可长达25年,主要贷放给低收入的发展中国家。

第六,调整贷款。包括结构调整贷款和部门调整贷款。结构调整贷款的目的在于:通过1～3年的时间促进借款国宏观或部门经济范围内政策的变化和机构的改革,有效地利用资源,5～10年内实现持久的国际收支平衡,维持经济的增长。结构调整问题主要是宏观经济问题和影响若干部门的重要部门问题,包括贸易政策(如关税改革、出口刺激、进口自由化)、资金流通(如国家预算、利率、债务管理等)、资源有效利用(如公共投资计划、定价、刺激措施等)以及整个经济和特定部门的机构改革等。部门调整贷款的目的在于支持特定部门全面的政策与机构改革。

1984年,世界银行对贷款方式作了新的分类,它们是:①特定投资贷款;②部门贷款;③结构调整贷款;④技术援助贷款;⑤紧急复兴贷款;⑥联合贷款。其中,特定投资贷款的全部和部门贷款的一部分,属项目贷款,其余基本上属非项目贷款。

(二)国际开发协会

国际开发协会,是一个专门从事对欠发达的发展中国家提供期限长和无息贷款的国际金融组织。世界银行的成员国均可成为开发协会的成员国。1959年10月,在国际货币基金组织和世界银行年会上,通过了建立专门资助最不发达国家的国际开发协会的决议,于1960年9月24日正式成立了国际开发协会,并于1961年开始运营。

1.国际开发协会的组织形式

国际开发协会是世界银行的附属机构,它的组织机构和管理方式与世界银行相同,甚至相应机构的管理和工作人员也是同一班人员兼任,而且也只有世界银行成员国才能参加协会。但是国际开发协会又是一个独立的实体,有自己的协定、法规和财务系统,其资产和负债都与世界银行分开,业务活动也互不相关。

国际开发协会的最高权力机构是理事会,下设执行董事会处理日常业务。协会会员通过投票参与决策活动,成员国的投票权与其认缴的股本成正比。成立初期,每一会员具有500票基本票,另外每认缴5000美元股本增加一票。在1975年第四次补充资金时,每成员国已有3850基本票。

2.国际开发协会的资金来源

(1) 成员国认缴的股金

协会成立时的法定资本为10亿美元,协会的成员国分为两组,第一组为发达国家,这些国家认缴的股金必须全部以黄金或可兑换货币缴纳;第二组为发展中国家,其认缴资本的10%必须以可兑换货币缴纳,其余90%可用本国货币缴纳。协会要动用这些国家的货币发放贷款时,必须先征得各国的同意。

(2) 成员国提供的补充资金

因成员国认缴的股金极其有限,远远不能满足贷款需求,所以自1965年以来,国际开发协会已经多次补充资金。在全部资金中,美、英、德、日、法等国占大部分比例。

(3) 世界银行的赠款

从1964年开始,世界银行每年将净收益的一部分以赠款形式转拨给协会,作为协会的资金来源。

(4) 协会本身经营业务的盈余

协会从发放开发信贷收取小比例的手续费及投资收益中可以得到业务收益。

3.国际开发协会的主要业务

国际开发协会的主要业务活动,是向欠发达的发展中国家的公共工程和发展项目,提供比世界银行贷款条件更优惠的长期贷款。这种贷款亦称开发信贷,有如下特点:

(1) 期限长

最初可长达50年,宽限期10年。1987年协会执行董事会通过协议,将贷款划分为两类：一是联合国确定为最不发达的国家，信贷期限为40年，包含10年宽限期；二是经济状况稍好一些的国家，信贷期限35年，也含10年宽限期。

（2）免收利息

对已拨付的贷款余额免收利息，只收取0.75%的手续费。

（3）信贷偿还压力小

第一类国家在宽限期过后的两个10年每年还本2%，以后20年每年还本4%；第二类国家在第二个10年每年还本2.5%，其后15年每年还本5%。由于国际开发协会的贷款基本上都是免息的，故称为软贷款；而条件较为严格的世界银行贷款，则称为硬贷款。

国际开发协会贷款的条件包括：①借款国人均国内生产总值须低于635美元；②借款国无法按借款信誉从传统渠道获得资金；③所选定的贷款项目必须既能提高借款国的劳动生产率，又具有较高的投资收益率；④贷款对象为成员国政府或私人企业（实际上都是贷给成员国政府）。

（三）国际金融公司

国际金融公司，是世界银行的另一个附属机构，但从法律地位和资金来源来说，又是一个独立的国际金融机构，它也是联合国的专门机构之一。国际金融公司的建立，是由于在国际货币基金组织和世界银行的贷款对象主要是成员国政府，而私人企业的贷款必须由政府机构担保，从而在一定程度上限制了世界银行业务活动的扩展。因此，1951年3月，美国国际开发咨询局建议在世界银行下设国际金融公司。1956年7月24日，国际金融公司正式成立，世界银行的成员国均可成为该公司的成员国。

国际金融公司的宗旨是向发展中国家尤其是欠发达的成员国的生产性企业，提供无须政府担保的贷款与投资，鼓励国际私人资本流向这些国家，促进私人企业部门的发展，进而推动成员国经济的发展。

1.国际金融公司的组织机构

国际金融公司设有理事会、执行董事会和以总经理为首的办事机构，其管理方法与世界银行相同。与国际开发协会一样，公司总经理和执行董事会主席由世界银行行长兼任，但与协会不同的是，公司除了少数机构和工作人员由世界银行相关人员兼任外，设有自己独立的办事机构和工作人员，包括若干地区局、专业业务局和职能局。按公司规定，只有世界银行成员国才能成为公司的成员国。

2.国际金融公司的资金来源

国际金融公司的资金主要来源于成员国认缴的股金和外部借款，另有一部分是公司各项业务积累的收入。根据协定，公司成立时的法定资本为1亿美元，分为10万股，每股1000美元，必须以黄金或可兑换货币缴付。40多年来，公司进行了多次增资。为了补充自有资本的不足，国际金融公司还从外部筹借资金，在国际资本市场上发行国际债券是借款的主要方式，约占借款总额的80%；国际金融公司还从世界银行及成员国政府那里取得贷款。此外，国际金融公司对贷款和投资业务管理得力，基本上年年有盈利，积累的净收益成为公司的一部分资金来源。

3.国际金融公司的营运特点

（1）贷款对象是成员国的私人企业，贷款无须有关政府担保，但它有时也向公私合营企业以及为私人企业提供资金的国营金融机构发放贷款。

（2）公司除长期贷款外，还可以对私人企业投资直接入股，也可以既贷款，又入股。

（3）贷款期限较长，一般为7~15年，如确属需要还可延长。从贷款到开始还本之前，有1~4年宽限期。贷款利率视资金投放风险、预期收益、国际金融市场的利率变化情况和每一项目的具体情况而定，但利率一般高于世界银行的贷款利率。对未提用部分的贷款每年征收1%的承担费，还款时需以原借入货币偿还。

（4）贷款具有较大的灵活性，既提供项目建设的外汇需要，也提供本地货币开支部分；既可作为流动资金，又可作为购置固定资产之用。

（5）公司贷款通常由私人投资者、商业银行和其他金融机构联合提供。

4.国际金融公司的主要业务

国际金融公司的主要业务活动，是对成员国的私人企业或私人同政府合资经营的企业提供贷款或协助其筹措国内外资金。另外，还从事其他旨在促进私人企业效率和发展的活动，如提供项目技术援助和政策咨询以及一般的技术援助。贷款发放的部门主要是制造业、加工业、开采业以及公用事业与旅游业等。

国际金融公司的贷款政策是：①投资项目必须对所在国的经济有利；②投资项目必须有盈利前景；③必须是无法以合理条件得到足够私人资本的项目；④所在成员国政府不反对投资的项目；⑤本国投资者必须在项目开始施工时就参与投资。

国际金融公司贷款还考虑以下因素：政府所有权和控制的程度，企业性质和管理效率以及将来扩大私人所有权的可能性。

第二节 区域性国际金融组织

20世纪60年代前后，欧洲、亚洲、非洲、拉丁美洲及中东等地区先后建立起区域性国际金融组织，为支持和促进本地区经济发展提供金融服务。其中，亚洲开发银行、非洲开发银行和美洲开发银行是服务于亚非拉广大地区的区域性国际金融组织。此外，还有其他一些区域性国际金融组织。

一、国际清算银行

（一）国际清算银行成立的背景及宗旨

国际清算银行是英、法、德、意、比、日等国的中央银行与代表美国银行界利益的摩根银行、纽约和芝加哥的花旗银行组成的银团，根据海牙国际协定于1930年5月共同组建。初建时成员国只有7个，现已发展至41个，遍布世界五大洲。国际清算银行最初创办的目的是处理第一次世界大战后德国的赔偿支付及其有关的清算等业务问题。第二次世界大战后，它成为经济合作与发展组织成员国之间的结算机构，该行的宗旨也逐渐转变为促进各国中央银行之间的合作，为国际金融业务提供便利，并接受委托或作为代理人办理国际清算业务等。国际清算银行不是政府间的金融决策机构，亦非发展援助机构，实际上是西方中央银行的银行。

该行的宗旨是促进各国中央银行之间的合作；为国际金融活动提供更多的便利；在国际金融清算中充当受托人或代理人。它是各国"中央银行的银行"，向各国中央银行并通过中央银行向整个国际金融体系提供一系列高度专业化的服务，办理多种国际清算业务。国际清算银行的主要任务是促进各国中央银行之间的合作并为国际金融业务提供新的便利。因为扩大各国中央银行之间的合作始终是促进国际金融稳定的重要因素之一，所以随着国际金融市场一体化的迅速推进，这类合作的重要性显得更为突出。因此，国际清算银行便成了各国央行进行合作的理想场所和中央银行家的会晤场所。

（二）国际清算银行的业务活动

国际清算银行建立时的最初任务是办理第一次世界大战后德国战争赔款支付及协约国之间的债务清偿事务。1944 年，根据布雷顿森林协议的规定，该行应予以撤销；但为了贯彻美国援助西欧、日本的马歇尔计划而被保留了下来。1948 年该行成为欧洲经济合作组织的银行；1950 年和 1954 年，又先后成为欧洲支付同盟和欧洲煤钢联营的银行。

在美元危机频频爆发、布雷顿森林体系的稳定运行受到严重威胁的年代，国际清算银行较好地发挥了其协调国际金融关系、维护国际金融秩序的作用。1961 年—1968 年，该行作为各国中央银行和"十国集团"活动的中心，为挽救美元危机承担了"黄金总库"的代理。之后，随着美元地位的日益衰落，国际清算银行的业务不断扩大，对国际金融事务的影响力不断加深，逐步发展成为全球性国际金融组织。其主要业务活动包括：

（1）处理国际清算事务

二战后，国际清算银行先后成为欧洲经济合作组织、欧洲支付同盟、欧洲煤钢联营、黄金总库、欧洲货币合作基金等国际机构的金融业务代理人，承担着大量的国际结算业务。

（2）办理或代理有关银行业务

二战后，国际清算银行业务不断拓展，目前可从事的业务主要有：接受成员国中央银行的黄金或货币存款，买卖黄金和货币，买卖可供上市的证券，向成员国中央银行贷款或存款，也可与商业银行和国际机构进行类似业务，但不得向政府提供贷款或以其名义开设往来账户。目前，世界上很多中央银行在国际清算银行存有黄金和硬通货，并获取相应的利息。

（3）定期举办中央银行行长会议

国际清算银行于每月的第一个周末在巴塞尔举行西方主要国家中央银行的行长会议，商讨有关国际金融问题，协调有关国家的金融政策，促进各国中央银行的合作。

（三）国际清算银行的组织形式

国际清算银行是一个股份公司性质的国际金融组织，其资金来源是靠发行股票筹集的。其中，75%的股份由相关国家中央银行持有，其余25%的股份则由私营银行或个人持有。

董事会是国际清算银行的最高决策机构。董事会下设经理部、货币经济部、秘书处和法律处等。董事主要由成员国中央银行行长担任。

（四）国际清算银行的资金来源

国际清算银行的资金主要来源于以下三个方面：

（1）成员国缴纳的股金

该行建立时，法定资本为5亿金法郎，1969年增至15亿金法郎，以后几度增资。该行股份80%为各国中央银行持有，其余20%为私人持有。

（2）借款

向各成员国中央银行借款，补充该行自有资金的不足。

（3）吸收存款

接受各国中央银行的黄金存款和商业银行的存款。

（五）中国与国际清算银行的联系

我国于1984年与国际清算银行建立了业务联系，此后，每年都派代表团以客户身份参加该行年会。1996年9月9日，国际清算银行通过一项协议，接纳中国、巴西、印度、韩国、墨西哥、俄罗斯、沙特阿拉伯、新加坡的中央银行或货币当局为该行的新成员。我国中央银行加入国际清算银行，标志着我国的经济实力和金融成就得到了国际社会的认可，同时也有助于我国中央银行与国际清算银行及其他国家和地区的中央银行进一步增进了解，扩大合作，提高管理与监督水平。

二、亚洲开发银行

（一）亚洲开发银行的建立与宗旨

亚洲开发银行简称"亚行"，是西方国家和亚洲及太平洋地区发展中国家联合创办的面向亚太地区的区域性政府间金融机构。它是根据联合国亚洲及太平洋经济与社会委员会的决议，并经于1963年12月在马尼拉举行的第一次亚洲经济合作部长级会议决定，在1966年11月正式建立，并于同年12月开始营业，总部设在菲律宾首都马尼拉。亚行初建立时有34个成员国，目前其成员不断增加，凡是亚洲及远东经济委员会的会员或准会员，亚太地区其他国家以及该地区以外的联合国及所属机构的成员，均可参加亚行。亚行的宗旨是向成员国或地区提供贷款与技术援助，帮助协调成员在经济、贸易和发展方面的政策，同联合国及其专门机构进行合作，以促进亚太地区的经济发展。

（二）亚洲开发银行的组织机构

亚洲开发银行的机构设置与国际货币基金组织及世界银行大致相同。其管理机构由理事会、执行董事会、行长组成。理事会是最高权力机构，由会员国各选派一名理事和副理事组成。执行董事会是负责日常工作的常设机构，由12名董事组成。行长由董事长兼任,负责主持银行的日常工作。银行的重大事务由理事会和董事会投票表决。理事会和董事会的投票权主要按会员国认缴股本的多少进行分配。日本和美国认缴的股本最多,其拥有的投票权也最多。

(三) 资金来源

1.普通资金

普通资金是亚行业务活动的主要资金来源,由股本、借款、普通储备金(由部分净收益构成)、特别储备金和其他净收益组成。这部分资金通常用于亚行的硬贷款。

2.特别基金

特别基金由成员国认缴股本以外的捐赠及认缴股本中提取10%的资金组成。主要用于向成员国提供贷款或无偿技术援助。目前该行设立了三项特别基金:①亚洲开发基金,用于向亚太地区贫困成员国发放优惠贷款;②技术援助特别基金,为提高成员国的人力资源素质和加强执行机构的建设而设立;③日本特别基金,由日本政府出资建立,主要用于技术援助与开发项目。

(四) 亚洲开发银行的业务活动

1.提供贷款

亚行的贷款按贷款条件分为硬贷款、软贷款和赠款。

如果按贷款方式划分,亚行的贷款可分为:项目贷款、规划贷款、部门贷款、开发金融贷款、综合项目贷款及特别项目贷款等。其中,项目贷款是亚行传统的也是主要的贷款形式,该贷款是为成员国发展规划的具体项目提供融资,这些项目需经济效益良好,有利于借款成员国的经济发展,且借款国有较好的信誉,贷款周期与世行相似。

2.联合融资

联合融资是指亚行与一个或一个以上的区外金融机构或国际机构,共同为成员国某一开发项目提供融资。该项业务始办于1970年,做法与世行的联合贷款相似,目前主要有平行融资、共同融资、伞形或后备融资、窗口融资、参与性融资等类型。

3.股权投资

股权投资是通过购买私人企业股票或私人开发金融机构股票等形式,对发展中国家私人企业融资。亚行于1983年起开办此项投资新业务,目的是对私营企业利用国内外投资起促进和媒介作用。

4.技术援助

技术援助是亚行在项目有关的不同阶段如筹备、执行等阶段,向成员国提供的资助,目的是提高成员国开发和完成项目的能力。目前,亚行的技术援助分为:项目准备技术援助、项目执行技术援助、咨询性技术援助、区域活动技术援助。技术援助大部分以贷款方式提供,有的则以赠款或联合融资方式提供。

三、非洲开发银行

非洲开发银行是非洲国家政府合办的互助性质的区域性国际金融组织,于1964年9月成立,1966年7月开始营业,总行设在象牙海岸(今科特迪瓦)的首都阿比让。为了吸收更多资金,扩大银行的运营能力,1980年5月非洲开发银行第15届年会通过决议,允许非洲区域以外的国家投资入股加入该行。我国于1985年入股成为该行会员国。

(一)非洲开发银行的宗旨

非洲开发银行的宗旨是为非洲成员国经济和社会发展提供投资和贷款,或给予技术援助,充分利用非洲大陆的人力和资源,促进各国经济的协调发展和社会进步,协助非洲大陆制定发展总体战略和各成员国的发展计划,以促进非洲经济一体化。

(二)非洲开发银行的组织形式

非洲开发银行的管理机构由理事会、董事会、行长组成。理事会是最高权力机构,由会员国各指派一名理事组成。理事一般由会员国的财政部部长或中央银行行长担任。由理事会选出的董事会是常设的执行机构。行长由董事会选出，并兼任董事长，负责主持银行的日常工作。银行的重大事务由理事会和董事会投票表决。理事会和董事会中的投票权主要按会员国认缴股本的多少进行计算。

（三）非洲开发银行的资金来源及业务活动

非洲开发银行的资金来源主要是会员国认缴的股本。除此之外，还通过与私人资本及其他信用机构合资合作，广泛动员和利用各种资金以扩大银行的业务。

非洲开发银行的主要业务活动是向非洲区域内的会员国发放贷款。贷款种类主要分为普通贷款和特殊贷款两种。特殊贷款不计息，条件优惠，贷款期限最长可达50年。

四、美洲开发银行

美洲开发银行是由美洲国家组织与欧亚其他国家联合创立的区域性国际金融组织，于1959年12月正式成立，1960年10月开始营业，总行设在华盛顿。该行是拉丁美洲国家和其他西方国家联合举办的政府间国际金融组织。

（一）美洲开发银行的宗旨

美洲开发银行的宗旨是：动员美洲内外的资金向拉美会员国的经济和社会发展项目提供贷款，以促进和协调会员国的社会进步和经济发展，促进拉美国家之间的经济合作，实现区域经济增长。

（二）美洲开发银行的组织形式

美洲开发银行的管理机构由理事会、执行董事会、行长、副行长组成。理事会是最高权力机构，由会员国各指派一名理事和候补理事组成。执行董事会是负责银行日常工作的常设机构。行长是银行的最高行政领导人。银行的重大事务由理事会和董事会投票表决。理事会和董事会中的投票权主要按会员国认缴股本的多少进行计算。美国认缴份额最多，投票权也最多。

（三）美洲银行的资金来源及业务活动

美洲开发银行的资金来源主要是会员国认缴的股本。另外，还通过借款和发行短期债券的形式筹集资金。

美洲开发银行的主要业务活动是向拉美会员国政府及其他公私机构的经济项目提供贷款。贷款种类主要分为普通业务贷款和特种业务贷款两种。普通业务贷款的利率高于特种业务贷款，而贷款期限则比特种业务贷款短，且必须用借款货币偿还。特种业务贷款可全部或部分用本币偿还。此外，该行还设立了条件优惠的信托基金贷款。

第三节 跨国银行

从广义上讲，经营国际业务的银行都可称为跨国银行，但这些银行的国际化程度却有很大差别。这种差别体现在银行国际业务的规模、国际业务及其利润占银行业务及其利润总额的比重以及机构的分布上。在国际业务的规模方面，有的银行每年仅有几百万美元到几千万美元的业务额，有些则达几百亿美元以上；在国际业务及其利润的比重方面，有的银行只占其业务及其利润总额的 5%～10%，有的银行却高达 60%～80%。根据以上两个方面，跨国银行可以按规模在广度上分为大、中、小型跨国银行，或按国际业务比重在深度上分为高、中、低层次的国际银行。

一、跨国银行的概念

跨国银行又称多国银行，是指以国内银行为基础，同时在海外拥有或控制着分支机构，并通过这些分支机构从事多种多样的国际业务，实现其全球性经营战略目标的超级银行。对这一概念的理解可以从与从事一般国际业务的银行的比较中加以把握。

跨国银行在国外设有分支机构，其国际业务在很大程度上是通过其国外分支机构进行的。虽然从一般意义上说，一家在另一国家设有分支机构的银行就可成为跨国银行，但跨国银行的一般定义对设在国外的分支机构的形式和数目或分支机构所在国家的数目有所规定。对这一规定目前尚无统一说法。联合国跨国公司中心历来把跨国银行列为跨国企业的一部分。联合国贸易发展会议从分支机构的地理分布角度出发，认为至少在5个国家或地区设有分行或拥有掌握大部分股权附属机构的银行才能称为跨国银行。英国《银行家》杂志评选跨国银行的主要标志是：①资本实力，跨国银行的实缴资本或实缴普通股本和未公开储蓄两部分之和必须在10亿美元以上，这一定义是由《巴塞尔协议》确定的；② 境外业务情况，跨国银行的境外业务在其全部业务中应占较大的比重，且必须在伦敦、东京、纽约三大国际金融中心设有分（支）行，经营国际融资业务，并派出一定比例的境外工作人员。

跨国银行的分支机构形式随着国际贸易的飞速发展和金融衍生工具的不断开发，也呈现出多样化的趋势，主要有六种形式：代理处、代表处、经理处、分行、子行和联营银行。

二、跨国银行的特征

（一）跨国银行具有派生性

跨国银行是国内银行对外扩展的产物，因而它首先具有商业银行的基本属性和功能。从这个意义上讲，跨国银行具有派生性。跨国银行的发展史表明：跨国银行必须首先是在国内处于领先地位的重要银行，然后才能以其雄厚的资本、先进的管理经验等优势为基础实现海外扩张和经营。世界著名的跨国银行，如英国的汇丰银行、美国的花旗银行、法国的农业信贷银行、日本的三菱银行等在各自国内也都是最为主要的银行之一。

（二）跨国银行的分支机构全球化

跨国银行的根本特征之一是在海外广泛地建立各种类型的分支机构。跨国银行及其分支机构数目在 20 世纪 70 年代到 80 年代曾经有过大幅增长，进入 90 年代以来，总体结构已经趋于稳定。随着新技术的发展及其在银行业中的广泛应用，发达国家跨国银行的发展主要体现在机构调整上，其最大特点是电子化网络不断扩大，而实体性机构在某些地区尤其是在发达国家甚至出现了下降的趋势。但是，发达国家设在发展中国家的机构数目以及发展中国家跨国银行的海外机构数目则相对增加，发展中国家近年来已显示出大举进入发达国家开办分行或代表处的趋势。预计这种趋势在今后一段时间内还将继续。

（三）跨国银行的战略制定具有全球性

由于国际金融自由化趋势和金融衍生工具的不断创新，跨国银行只有从全球性目标出发，在世界范围内实现分支机构及经营资源的合理配置，才能跟上国际银行业务创新的步伐，所以跨国银行制定全球性战略目标具有必要性。而计算机和通信技术的飞速发展，保证了跨国银行的总行和分支机构之间的信息交流和业务往来的便捷，为制定全球性战略提供了可能性。跨国银行制定的全球性经营战略包括两类：

（1）面向特定地区型战略

其主要项目是提供中长期信贷。

（2）面向特定业务型战略

其特点是向世界各地的客户提供专业化的服务，如国际汇兑、出口信贷、工程项目融资等。

三、跨国银行的主要职能

国际资本市场是国际领域长期资金交易的市场，国际资本市场的形成是资本市场国际化的必然结果。跨国银行作为这一市场中重要的金融机构之一，在国际资本流动、面向跨国公司的投资与融资活动中发挥着举足轻重的作用。

跨国银行的主要职能包括三个方面：其一是作为金融中介的职能，包括间接融资和直接融资；其二是在外汇市场上的职能；其三是提供金融服务。

（一）间接融资职能

间接融资是金融中介机构融资的主要方式，是指以金融机构作为媒介，在资金盈余方与资金短缺方之间进行的资金融通。其特点是在资金盈余部门和资金不足部门之间存在中介机构。

间接融资有很多具体形式，最主要的有国际贸易融资、国际证券融资、国际项目融资、国际租赁融资和国际银行贷款。

1. 国际贸易融资

跨国银行的国际贸易融资是银行在进行国际贸易结算过程中向进出口企业提供的资金融通。它的主要特点是：①与进出口贸易结算存在紧密的关系；②多以贸易结算项下的单证、票据、应收账款作抵押，属变相的抵押贷款，因此风险小；③可带动存款、结算、理财等业务的开展，吸引更多客户。

2. 国际证券融资

随着世界经济一体化、贸易自由化、金融国际化和生产全球化的发展，大型跨国企业集团大多采取证券化，如发行债券和股票的方法进行筹资，这就加快了证券市场的发展与创新，促进了证券市场的国际化。与跨国企业相伴而行的跨国银行，其金融活动也逐渐呈现出证券化的趋势。现代跨国银行既是国际债券的发行者和主要投资者，同时又是国际债券的主要经理人；综合性的跨国银行还充当股票等有价证券的发行人和投资的中间人或经纪人，专门经营新发行的证券。国际证券融资包括国际股权融资、国际债券融资和国际可转换债券融资三种。

3. 国际项目融资

对国际项目融资的定义可分为广义和狭义两种。从广义上讲，在国际市场上，凡是为了建设一个新项目或者收购一个现有项目以及对已有项目进行债务重组所进行的融资，均可称为项目融资；而狭义的项目融资则专指具有无追索或有限追索形式的融资。项目融资具有筹措能力大、风险发散、有限追索、资产负债表外融资等优点和风险分配复杂、融资成本较高、贷款人风险大等缺陷。其适用范围主要是三大类：资源开发项目、基础设施建设项目和工业项目。国际项目融资模式主要包括以产品支付为基础的项目融资模式、以杠杆租赁为基础的项目租赁模式、资产支持证券化模式、建设-经营-转让模式、公私合伙制模式等等。

4.国际租赁融资

国际统一私法协会对国际租赁融资是这样界定的：出租人和承租人居住在不同国家或地区，出租人依承租人的说明和经其同意的条件订立一项协议（供货协议），据此从第三方（供货方或制造商）取得资产（工厂、资本货物或设备），并与承租人也订立一项协议（租赁协议），使承租人有权为了商业或专业目的使用该资产并有义务向出租人交付租金。国际租赁形式多样，一般分为金融租赁、经营租赁、维修租赁和综合租赁。

5.国际银行贷款

国际银行贷款是指由某一跨国银行或多家跨国银行组成的跨国银团在国际金融市场上向另一国家或地区政府、金融机构及公司企业提供不限定用途的资金融通。它完全采取货币资本（借贷资本）的形态。跨国银行信贷主要分为短期（不超过1年）信贷和中长期（1年以上）信贷。

银行短期信贷以银行与银行之间信贷即银行同业拆借为主。而银行同业拆借的贷款最终会通过各种融资渠道、方式和工具转化为银行对非银行客户的贷款。银行中长期信贷的借款人一般包括外国银行、国际金融组织、公司企业、政府部门，借款多以伦敦同业拆放利率为基础，加上一个附加利率。因为中长期信贷具有资金数额大、周期长、风险大等特点，所以经常是由多家银行组成跨国银团共同承贷，即银团贷款。

（二）直接融资职能

一般来说，在直接融资过程中，往往有资金不足部门和资金盈余部门两者外的第三者存在，如经纪人和承销商。经纪人只是充当资金不足部门和资金盈余部门的中间人，自身并不持有任何债务工具；承销商则通常是先从资金不足部门购入债务工具（如有关证券），然后出售给资金盈余部门，其间，承销商自身持有这些债务工具。在国际金融市场上,金融工具主要是债券、商业票据和股票,其中债券是最重要的形式(占90%左右)。这些债券工具通常由若干(一般为百余家)银行组成的集团认购、出售。这些银行往往采用私人配售的方式发售,从而使新证券的发行更加迅速,同时降低发行成本。

(三)参与外汇市场业务

外汇买卖是跨国银行日常业务中的一个重要的组成部分,除了代理客户进行外汇买卖之外,跨国银行由于各种业务涉及多种货币,也要进行经常性的大量的外汇买卖。跨国银行日常进行的外汇买卖业务主要有即期外汇买卖、远期外汇买卖和掉期外汇买卖三种。

1.即期外汇买卖

即期外汇买卖是指成交后2个营业日内进行交割的外汇买卖。即期外汇买卖使用的汇率就是即期汇率,通常是指银行同业间买卖外汇的价格。大多数跨国银行因其实力雄厚,一般也是各外汇市场有资格报价的银行。跨国银行的即期外汇买卖除了应客户要求而做之外,主要是满足银行本身对不同货币的需求,建立起各种货币的头寸。通过即期外汇买卖来调整所有的不同货币外汇头寸的比例,也可以起到规避汇率风险的作用。

2.远期外汇买卖

远期外汇买卖是指在成交时约定了买卖外汇的数量、汇率等,交割日期约定在即期交割日以后的将来某个时间的外汇买卖。常见的远期外汇买卖的交割期限通常为1个月、2个月、3个月、6个月或1年。按照对实际交割目的的确定来分,远期外汇买卖可以分为两种:固定日期交割的远期外汇买卖和择期交割的远期外汇买卖。远期外汇买卖的发展已有近百年的历史,跨国银行是这一市场的重要主体。除了满足客户需求、建立和平衡外汇头寸,银行也可以用远期外汇买卖来套期保值,规避汇率风险。

3.掉期外汇买卖

掉期外汇买卖是指同时买进和卖出同币种、同金额,但交割日期不同的外汇买卖。比较常见的掉期外汇买卖通常由一笔即期交易和一笔远期交易组合而成,即即期对远期的掉期交易。客户与银行之间也有一些远期对远期的掉期交易。此外，银行间进行短期资金拆借时，会有大量的一天掉期交易，如买进明天交割，同时卖出后天交割的同金额外汇。掉期外汇买卖具有降低筹资成本、转换币种和套期保值的作用。与远期外汇的套期保值相比，掉期交易使用更加简单、普遍。

4.提供金融服务

这里所指的金融服务主要是指银行提供的建立在手续费和佣金基础上的银行业务。传统的国际金融服务主要是国际结算、国际信托等。随着国际银行业的竞争愈演愈烈，科学技术日新月异，跨国银行近几十年来一直致力于提高金融技术与手段，开发业务新品种，推动金融业迅速发展。目前，跨国银行除继续提供传统的结算和信托业务外，还积极参与如对外国政府的债务——收益掉期服务，为客户开立备用信用证，代客户进行利率掉期安排、现金管理、外汇风险管理，为投资者进行国际投资组合管理，即参与国际收购与兼并咨询、外汇交易等咨询服务。下面介绍几种较为重要的创新金融工具：

（1）可转让大额存单

该金融工具由花旗银行于1962年推出。持有可转换大额存单的客户既能按定期利率获得利息，又能在需要现金时将存单在金融市场上转换出售。对银行来说，发行大额存单有获得稳定的资金来源和减少交纳准备金的双重作用。

（2）票据发行便利

20世纪70年代，票据发行便利应运而生，借款人以自己的名义发行短期票据或债券，期限一般为3~6个月，到期可循环；包销银行承诺购买借款人未能出售的那部分票据余额或承担提供备用信贷责任，承诺期长达5~7年。

（3）浮动利率债券

浮动利率债券是银行发行的一种可变利率负债工具，其利率定期加以调整，通常以市场利率作为参照基数。发行这种债券可以减少市场利率变动风险，增强购买者的持有信心。

（4）远期利率协议

远期利率协议是两个当事人之间为规避市场利率变动风险而签订的一种合约。合约期满时，双方按原先约定的利率与期满时的市场利率之间的利差结算款项。

（5）货币互换

交易双方筹借不同币种的贷款所需要支付的成本不同，为使双方均能获利，双方同意在交易之初交换两种不同货币的一定数额，经过一段时间后，再根据预先规定的条件交付利息和交换回本金。这实际上是贷款的互换。

（6）金融期货

金融期货是买卖双方达成的在指定的将来某日按约定的利率或汇率交割金融资产的一种合约。它也是防范利率或汇率变动风险的产物。

（7）债务—股权（债券）转换

20世纪70年代，发展中国家债务危机四起，当时银行为减少损失，开创了债务—股权（债券）转换业务。这一业务的出现缓解了无力还债者（国）的还债压力，增加了其资金融通渠道，同时也减轻了银行的资金负担。

第三章 国际货币体系与金融危机

第一节 国际货币体系

一、国际货币体系概述

（一）国际货币体系的含义

国际货币体系是指国际货币制度、国际货币金融机构及由习惯和历史沿革形成的约定俗成的国际秩序的总和。国际货币体系既包括有法律约束力的有关货币国际关系的规章和制度，也包括具有传统约束力的各国已经在实践中共同遵守的某些规则和做法，还包括在国际货币关系中起协调、监督作用的国际金融机构——国际货币基金组织和其他一些全球性或地区性的多边官方金融机构。

国际货币体系包括的内容有以下五个方面：

1.各国货币比价的确定

根据国际交往与国际支付的需要，为使货币在国际市场上发挥世界货币的职能，各国之间的货币一定要确定一个比价，即汇率。为此，各国政府一般都规定以下内容：货币比价确定的依据；货币比价波动的界限；货币比价的调整；维持货币比价所采取的措施以及对同一货币是否采取多元化比价等。

2.各国货币的兑换性与对国际支付所采取的措施

为了进行国际支付，各国政府都要确定它的货币是否能够自由兑换成其他任何国家的货币，对非支付方面是否加以全部或部分限制，或者不完全限制。

3.国际储备资产的确定

为应对国际支付的需要，一国必须要保存一定数量的，为世界各国所普遍接受的国际储备资产。战前国际储备资产是黄金和外汇；战后国际储备资产的结构，由于国际货币基金组织的建立及其运行机构的发展而发生了新的变化。

4.国际结算的原则

一国对外的债权债务，或者立即进行结算，并在国际结算中实行自由的多边结算；或者定期进行结算，并实行有限制的双边结算。

5.黄金和外汇的流动与转移是否自由

黄金和外汇的流动与转移，是否对其加以限制而不能自由流动，或者只能在一定地区范围内自由流动，或者完全自由流动，也必须由国家明确规定。

（二）国际货币体系的历史发展

第二次世界大战前，国际货币体系大体上经历了三个历史时期：金本位制、金块本位制和金汇兑本位制、国际货币集团和货币区。

1.金本位制

从19世纪初到第一次世界大战前，资本主义国家相继实行金本位制。其特点是：①国家规定金币的重量、成色，据以确定对其他国家货币（金币）的比价；②金币有无限法偿权，可以自由铸造、自由流通；③银行券可以兑换金币，黄金可以自由输出入国境。在金本位制下，金币按国家规定的成色和重量可以自由铸造，所以金币的国内价值相当稳定。同时，黄金在国际上自由流动，货币汇率以铸币平价为基础，汇率的变动只限在黄金输送点的界限内，所以汇率也相当稳定。这种以金本位制度形成出现的国际货币制度有两个主要特点：①统一性。因为各国实行金本位制所采取的措施大多相同，黄金在国际上的支付原则、结算制度与运动规律都是统一的。②松散性。因为这个统一的金本位制度的形成，并非在一个公共的国际组织的领导与监督下，规定各国必须遵照执行的规章，而是各国自行规定其货币在国际范围内发挥世界货币职能的办法。因此，第一次世界大战前的金本位制度是一个统一性与松散性相结合的国际货币制度。

英国于 1816 年实行金本位制，是历史上最早实行金本位制的国家。这是由当时英国的经济、政治地位所决定的。到 20 世纪初，英国已成为最大的殖民帝国，为了对海外殖民地进行金融渗透和经济控制，就广泛地建立了海外银行网点。1904 年～1910 年期间，英国在海外殖民地的银行分支机构从 2279 家发展到 5499 家，英镑使用地区遍及五大洲 37 个国家。绝大部分国家的货币同英镑建立了固定比价，并将所有外汇储备都以英镑存放于伦敦的英国银行。因此，伦敦成为当时世界贸易和国际结算的中心，英镑则是资本主义世界的关键货币。

从 19 世纪 70 年代起，德国、丹麦、瑞典、挪威、荷兰、法国、比利时、瑞士和意大利等国相继实行金本位制。俄国于 1897 年改革币制，宣布实行金本位制，日本也在同年实行金本位制，美国于 1900 年颁布金本位法案，正式实行金本位制。

第一次世界大战爆发后，英国为了适应战争需要，禁止黄金输出，停止货币兑换黄金，实行外汇管制。战争结束后，由战争造成的创伤尚未得到完全恢复，1929 年又爆发了空前规模的世界经济危机，在危机的剧烈冲击下，英国对外投资由于负债国银行的破产而无法收回，对外贸易停顿，国际收支进一步恶化。英国政府为了防止英镑破产，被迫于 1931 年 9 月 21 日宣告放弃金本位。由于英国长期占据资本主义世界关键货币的地位，英国金本位制的崩溃引起了全世界的巨大震动和一系列的连锁反应，首先是与英镑有直接联系的国家，立即随之放弃金本位；同时许多有储备存放在英国的国家，也放弃了金本位，或者将本国货币改与其他货币联系，从而使英镑的国际地位明显下降。

2. 金块本位制和金汇兑本位制

经过第一次世界大战以后的恢复时期，到 20 世纪 30 年代，一些国家想恢复战前的金本位制。但由于经济受战争重创，不具备恢复金本位制的条件，于是采取了金块本位制和金汇兑本位制。

金块本位制的主要内容是：①基本货币单位仍规定含金量；②不再铸造和流通金币，只有银行券流通；③银行券必须按含金量计算，达到规定数量才能兑换金块。

英国于 1925 年实行金块本位制，并规定兑换金块数量最低为相当于 400 盎司黄金的银行券，当时约合1700英镑。这就是说，在金块本位制下，既没有金币流通，银行券兑换黄金也做了严格的限制。

金汇兑本位制的主要内容是：①国内不准流通金币，只能流通银行券；②银行券只能兑换外汇，这些外汇必须符合货币发行国的管汇规定，才能兑换黄金；实行金汇兑本位制的国家，将本国货币同另一个金本位制国家的货币建立联系，并制定两种货币的固定比价，然后将本国的一部分外汇和黄金储备，存放在被联系的国家即"货币联系国"的中央银行，作为准备金。这种货币制度，实质上是一种依附性货币制度，一般为殖民地和附属国所采用。例如，第一次世界大战前的印度、马来西亚、菲律宾、印度支那和拉丁美洲一些国家都采用过。采取这种货币制度的国家，在对外贸易和财政金融上，都要受到"货币联系国"的控制。金本位制崩溃的主要原因是维护金本位制的三个必要条件遭到破坏。

（1）自由铸造和自由流通遭到破坏

由于资本主义国家加紧对黄金的掠夺，以增强本国的经济实力，所以在20世纪30年代世界金融危机爆发前，约占世界铸币黄金总量2/3的黄金被集中于英、美、德、法等少数几个国家手里。其他国家货币流通的黄金基础已不存在，使自由铸造和自由流通完全遭到了破坏。

（2）自由兑换的条件已不具备

黄金被剥夺了作为流通手段的职能，也就无法发挥其自动调节货币流通的作用，自然也不能防止通货膨胀和货币贬值。银行券也不能稳定地代表其规定的含金量，因而不具备自由兑换的条件。

（3）自由输出入的条件不复存在

在资本主义发展不平衡的条件下，国际收支逆差的国家流失了巨额黄金而无法弥补，为了防止黄金外流，各国纷纷采取限制黄金输出的措施。于是，黄金自由输出入的条件也不复存在。

从1816年英国第一个实行金本位制算起，经1931年英国放弃金本位制、1933年美国放弃金本位制，一直到1936年荷兰、瑞士、意大利等最后一批国家放弃金本位制为止，维持了整整一个世纪又20年的金本位制正式宣告全部瓦解。此后，国际货币制度进入了一个新的历史时期。

3.国际货币集团和货币区

随着金本位制的崩溃，以金本位制为标志的统一的资本主义国际货币体系也宣告瓦解。在国际货币金融领域里，逐步形成了以少数几个资本主义国家为中心的国际货币集团，从而展开了在世界范围内争夺国际货币金融主导权的激烈斗争。货币集团和货币区的形成，使资本主义国际货币体系进一步四分五裂。资本主义国家之间的货币战、金融战日趋激烈，资本主义货币金融危机也日益深化。这种局面一直持续到第二次世界大战结束时为止。

英镑集团是在1931年最先形成的货币集团。第二次世界大战以后，英国的经济贸易发生困难，一些国家退出了英镑集团。英国为了加强外汇和外贸管制，决定以法律形式把留在英镑集团内的国家和地区，组成一个正式的、具有法律约束力的英镑区。法郎集团是法国在金本位制瓦解后，联合其在亚、非两洲的殖民地而组成的。二战爆发后，为加强控制而改组为法郎区。为了同英镑集团相抗衡，美国和菲律宾、加拿大和拉美一些国家于1934年组成美元集团，于1935年发展成为美元区。

货币集团和货币区，在各个货币主导国的控制下，虽然各自的发展过程、地区范围、组织管理有所不同，但共同特点是：①区内各国货币盯住主导国货币并维持其固定比价。②区内各国之间结算，都通过主导国货币进行结算。③区内各国之间的资金移动不受限制，区外的资金移动必须经管汇机关批准。④区内各国的黄金、外汇储备，必须交主导国中央银行集中保管。

二、布雷顿森林国际货币体系

（一）布雷顿森林国际货币体系的建立

1.布雷顿森林国际货币体系产生的背景

英、美各国鉴于两次世界大战中资本主义世界各国政治经济形势动荡不安，斗争激烈，在第二次世界大战尚未结束时，共商战后经济合作的计划。1943年，美国经济学家怀特和英国经济学家凯恩斯为重建国际货币制度,结合各自国家的利益和实力,分别提出了两个不同的方案。怀特主张,在战后建立一种国际稳定基金,以黄金为基础,由会员国缴纳不同份额的资金而构成,即以此作为稳定币值的基金,按照所缴份额对会员国提供贷款。各国在该基金组织所享有的表决权,同它所缴的基金份额成正比。与此同时,再建立一种与美元联系的国际通货"尤尼塔斯"。凯恩斯考虑到,经过两次世界大战,英国的黄金储备遭受严重损失。因此,反对以黄金或任何国家的货币作为主要储备,主张建立一个世界性中央银行,即国际清算联盟,并由联盟发行一种所谓"银行黄金"的不兑换纸币,为储备货币,各国之间的债权债务可以通过联盟开立的纸币账户转账清算。无疑这个方案是代表英国利益而提出的。

两次世界大战给美国经济带来了空前繁荣。美国通过《租借法案》,既对西欧盟国提供了巨额的武器和物资,也乘机取得了西欧各国及其海外殖民地和附属国的广大市场。因此,美国工业生产、对外贸易和黄金储备出现了巨幅增长。由于美国在政治、军事和经济等方面都取得了压倒性优势,在资本主义世界占据无可争辩的领导地位;最后,在国际货币基金组织会议上,美国怀特的方案获得了通过。

2.布雷顿森林国际货币体系的主要内容

1944年7月1日,联合国的44国代表在美国的新罕布什尔州的布雷顿森林举行联合国货币金融会议,签订了《国际货币基金组织协定》。根据这个协定,1945年12月,国际货币基金组织和国际复兴开发银行成立。这两个机构的总部设在美国首都华盛顿。

《国际货币基金组织协定》于1945年12月27日批准生效,从此建立了以美元为中心的资本主义国际货币体系,即国际金汇兑本位制。它的主要内容是:①实行两个挂钩:一是美元与黄金直接挂钩。这里的美元指的是举行联合国货币金融会议时的美元,也就是1934年1月美国实行币制改革时所规定的1美元含金量为0.888 671克,1盎司黄金等于35美元这个黄金官价的美元。各国政府或中央银行可以随时用美元按黄金官价向美国兑换黄金。二是其他资本主义国家货币与美元挂钩。各国货币与美元保持固定的比价,即建立固定的汇率关系。②维护固定汇率的措施。《国际货币基金组织协定》规定:会员国除因改正国际收支不平衡的需要外,不得提议变更其货币平价；会员国的货币平价必须经该国提议，并与基金组织协商后才能变更；会员国货币对美元的汇率，一般只能在法定汇率上下各1%的范围内波动；各国政府有义务干预金融市场的外汇汇率，以便保持外汇市场的稳定。这样，各资本主义国家货币通过固定汇率盯住美元，美元则等同黄金或视同黄金的等价物。从此，美元就成为资本主义国家进行国际清算的支付手段和资本主义各国主要的储备货币。

3.布雷顿森林国际货币体系的特点

布雷顿森林国际货币体系，同历史上各个时期的货币制度相比，具有以下特点：

（1）建立了世界性国际货币金融组织机构

如国际货币基金组织、国际复兴开发银行等。通过这些组织，对国际汇率、国际储备、国际收支调节和国际信贷融通等各项制度的执行，发挥管理和监督的作用。

（2）签订了具有一定约束力的《国际货币基金组织协定》

历史上以金本位制为基础的国际货币制度，是依靠客观规律（如黄金输送点）而起调节作用的。但其后的金块本位制、金汇兑本位制以及货币区则是依靠少数享有特权的宗主国、联系国的法令，在规定的地区内发挥其控制管理作用。而《国际货币基金组织协定》，乃是一种国际协定，对参与基金组织的成员国具有一定的约束力，从而保证了这个协定的各项规定能够贯彻实施，发挥其应有的作用。

（3）根据《国际货币基金组织协定》，建立了现代国际货币金融管理所必需的各项制度

如国际汇率制度、国际储备制度、国际清算制度、国际收支调节制度、国际信贷监督制度、国际货币金融统计制度。

因此，战后的国际货币体系同历史上的国际货币制度相比，有了明显的改进，主要表现在：它不仅建立了世界性组织机构，制定了具有一定约束力的国际协议，而且建立了统一的、比较完整的规章制度。

4.布雷顿森林国际货币体系的作用

《国际货币基金组织协定》执行以来，对战后世界经济的恢复和发展起了一定的积极作用。主要表现在：①促进战后资本主义世界贸易的增长。基金组织所实行的固定汇率制，在一定程度上稳定了主要国家的货币汇率，有助于国际贸易的发展。②维

持了资本主义世界货币体系的运转。基金组织会员国虽有各自的不同利益,存在着很多的分歧和矛盾,但是,协定毕竟使战后资本主义世界货币体系得到了正常进行,避免了经济严重恶化和货币体系崩溃的局面。③暂时缓和了国际收支危机。战后一些国家,特别是发展中国家,由于初级产品价格波动,导致出口收入缩减。1973年石油提价后,进口石油的工业国家和不产石油的发展中国家出现了巨额国际收支逆差,引起了国际收支危机。针对这种情况,基金组织采取了多种贷款形式,在一定程度上帮助逆差国缓和了国际收支危机。

与此同时,也应该看到,以美元为中心的资本主义国家国际货币体系的建立,使美元爬上了世界货币的霸权地位,从而助长了美国的对外扩张。具体表现在:①抬高美元币值。所谓经国际确认的35美元等于1盎司黄金,是美国在1934年1月自行规定的。但是1939年的1美元,至1946年只值71.1美分,而国际货币基金组织仍按35美元黄金官价作为标准,这样就等于抬高了美元汇率,有利于美国用低价购买各种经济资源,用高价销售美国商品。而当时资本主义各国普遍出现"美元荒",不可能有多余美元向美国兑换黄金,恰好有利于美国购进更多的低价黄金。②利用美元偿债。美国利用美元是国际收支手段的有利条件,在战后主要使用美元清偿对外债务,而其他国家则必须用黄金、商品来偿还外债。③境外美元泛滥。美国的特权地位使其成为资本主义世界能制造世界货币的银行。"欧洲美元"就是充斥于国外市场的境外美元。因为它不受金融法令约束,助长了外汇投机,严重影响了国际金融市场的稳定。

(二)布雷顿森林国际货币体系的崩溃

1.布雷顿森林国际货币体系的危机

布雷顿森林国际货币体系的实质是:以确认美元对黄金的法定平价为基础;确定本国货币与美元以其含金量计算的两种货币的比价作为汇价的基础,并按照固定汇率制的要求,把两种货币汇价的上下波动限制在规定的幅度之内。由于美元被赋予与黄金等值以及美元可以兑换黄金的特殊职能,美元才成为国际清算货币和国际储备货币。可见,这是一种以美元为中心的国际金汇兑本位制。要保持国际货币汇价的稳定,首先要维持美元同黄金比价的稳定,维持美元汇率的稳定,这是固定汇率制的基础,一旦美元发生危机，必然会导致国际货币体系的危机。

美国自第二次金融危机之后，工业生产下降14%，国际收支经常出现逆差，黄金储备下降到210亿美元，还不够偿还当时所欠的外债，美元的国际信誉发生动摇，从1960年爆发第一次美元危机至1973年止，先后爆发过11次美元危机。美元危机的主要表现是：①市场上美元币值下跌，黄金价格一再上涨，突破美元对黄金的官价。②美国黄金储备不断流失，储备量不断下降。③市场纷纷抛售美元，抢购其他汇价坚挺的货币或黄金。④国际外汇市场在美元危机的冲击下，被迫多次关闭。⑤美元的国际信誉呈现下降趋势，美国黄金储备大量流失，迫使美国停止美元兑换黄金。⑥美国政府先后于1971年12月18日和1973年2月2日正式宣布美元贬值7.89%和10%。⑦其他资本主义国家货币不再同美元挂钩，采取联合浮动汇率制或浮动汇率制。

2. 布雷顿森林国际货币体系危机的原因

以美元为中心的布雷顿森林国际货币体系的危机，同中心货币国经济的兴衰有密切的关系。美元危机爆发的原因，就广义而言，是同资本主义世界经济发展不平衡规律的作用和资本主义国家经济实力的变化分不开的。但具体原因主要在于美国。具体分析如下：

（1）金融危机的深化

第二次世界大战以后，美国先后发生金融危机，其中以1973年爆发的第6次金融危机最为严重，持续达17个月之久，工业生产下降14%，通货膨胀、物价上升，经济实力明显下降。黄金储备从第二次世界大战后初期的246.5亿美元下降到110亿美元。尽管美国政府被迫取消了美元兑换黄金和黄金官价，但危机并未得到遏制。

（2）通货膨胀加剧

美国发动侵越战争，财政收支出现庞大赤字，不得不靠增发货币来弥补，造成通货膨胀，再加上两次石油危机，因石油提价而导致石油支出增加，失业补贴支出增加，劳动生产率下降，造成政府支出急剧上升，导致物价全面上升。美国消费物价指数上涨率从1960年的1.6%上升到1970年的5.9%，再上升到1974年的11%，给美元的汇价带来巨大的冲击。

（3）国际收支持续逆差

第二次世界大战结束时，欧洲各国经济由于战争造成创伤亟待恢复，各国所需的物资和设备都需要向美国购买。外汇资金深感不足，同时商品缺乏，以出口抵补也很困难。这时美国的商品物资和设备源源不断地输往西欧、日本和世界其他地区，美国国际收支出现大量顺差。随着西欧各国经济的恢复、生产的发展、出口贸易的扩大，国际收支的逆差也转为顺差，美元和黄金储备逐渐增多。美国由于继续执行援外计划，庞大的海外驻军费用支出，以及美国实行低利率政策，导致美国资金大量外流，从而在世界各地形成"美元泛滥"，致使美国的国际收支从顺差变为持续的逆差。美元汇率承受巨大的冲击和压力，不断出现下浮的状况。

3.布雷顿森林国际货币体系瓦解

1960年～1973年，先后爆发了11次美元危机，包括4次严重的美元危机。为使危机得到缓和，美国及其他有关国家曾经采取一系列补救措施。所有这些措施，基本上是围绕着维持布雷顿森林国际货币体系的两根支柱来进行的：①为了维护美元与黄金的固定比价，而签订了《稳定黄金价格协定》，建立了"黄金总库"。但不久便停止按官价供应黄金，最后停止美元兑换黄金，废止黄金官价，于是美元与黄金脱钩，导致第一根支柱倒塌。②为了维护美元与各国货币的固定比价，签订《巴塞尔协定》，成立"十国集团"，签订《互惠借款协定》等，先后于1971年和1973年宣布美元贬值7.89%和10%，把各国货币对美元汇率上下波动从1%放宽到2.25%，最后由浮动汇率制取代固定汇率制，宣告第二根支柱倒塌。

两根支柱的倒塌，最终使第二次世界大战后建立起的布雷顿森林国际货币体系宣告瓦解。

三、牙买加货币体系

（一）牙买加货币体系概述

1. 牙买加货币体系的形成

自布雷顿森林体系瓦解后，国际货币金融局势一直处在动荡之中，世界各国都希望建立一种新的国际货币制度，以结束这种混乱的局面。1974年7月，基金组织根据二十国委员会的建议，设立了国际货币制度临时委员会（简称"临时委员会"），负责研究有关国际货币制度改革的问题，并向基金组织理事会提供意见。临时委员会由20国财长、中央银行行长组成。经过反复研讨、磋商，1976年1月8日，在牙买加召开的会议上，达成了综合性协议，即《牙买加协定》。同年4月，基金组织理事会通过《国际货币基金协定第二次修正案》，自1978年4月1日起正式生效。

2. 牙买加货币体系的主要内容

增加成员国在基金组织中的基金份额，由原来的292亿特别提款权单位增加到390亿特别提款权单位，增加33.6%。各成员国应交份额所占比重也有所改变，发展中国家维持不变，主要西方国家除联邦德国、日本外，份额均有所降低。石油输出国组织的份额提高了一倍（由5%增为10%）。增加基金份额，以提高基金组织的清偿能力，使特别提款权成为主要的国际储备资产。

承认浮动汇率的合法化，成员国可以自由作出汇率方面的安排，使固定汇率制度和浮动汇率制度暂时并存。但成员国的汇率政策须受基金组织监督，以防止各国采取损人利己的贬值政策；实行浮动汇率制度的成员国，还应根据经济条件，逐步恢复固定汇率制。

降低了黄金在国际货币体系中的作用，废除原协定中的所有黄金条款，并规定黄金不再作为各国货币定值的标准。取消成员国之间或成员国与基金组织之间以黄金清偿债权、债务的义务。

规定特别提款权作为主要国际储备资产和各国货币定值的标准，以及进行国际借贷之用。

扩大对发展中国家的资金融通，建立信托基金，以优惠条件向不发达国家提供贷款，帮助它们解决国际收支上的困难。扩大基金组织的信贷部分贷款的额度，即由各成员国份额的100%提高到145%。提高基金组织的出口波动补偿贷款的额度，即由各成员份额的50%提高到75%。

（二）牙买加货币体系的特点

1.美元仍是最主要的国际货币

马克、日元，特别是复合货币的国际地位日益加强，美元的地位逐渐下降，但美元仍是最主要的国际货币。具体表现在：美元仍是主要的国际计价单位、支付手段和国际价值储存手段等。目前，世界上约有2/3进出口贸易用美元结算，美元也是国际金融市场外汇交易的重要手段和干预货币；美元在各国官方外汇储备中所占比重仍在60%左右。随着美元国际货币地位的下降，国际货币多元化趋势进一步增强。不过推行"黄金非货币化"的政策，并没有使黄金的货币作用完全消失，黄金在世界各国的储备资产中所占比重在40%以上，仍是主要的国际储备资产。黄金依然是最后的国际清偿手段和保值手段。

2.浮动汇率为主的混合汇率体制得到发展

《牙买加协定》确认各国可以自由作出汇率方面的安排，同时固定汇率制与浮动汇率制暂时并存。所谓浮动汇率制度，就是一国货币对外不再规定黄金平价，不再规定汇率波动的上下限，该国中央银行也不再承担维持汇率波动的义务，在一般情况下，听任外汇市场随着外汇的供求情况自由波动。在浮动汇率制度下，汇率的上下浮动是外汇市场上经常发生的现象，而究其实质，汇率下浮就是货币贬值，汇率上浮就是货币升值。

（三）牙买加货币体系的作用

牙买加货币体系形成后，对维持国际经济运转和推动世界经济发展具有积极的作用。

牙买加货币体系是比较灵活的复合汇率体制，能够灵敏地反映变化的客观经济状况，有利于国际贸易和世界经济的发展。首先，复合汇率体制的灵活性可以使一国的宏观经济政策更具有独立性和有效性。当国际收支出现严重逆差时，与固定汇率制不同，并非必须采取紧缩的宏观经济政策来维持本国货币的汇率，因而不会引起国内严重的失业问题。通过采取放松货币政策，降低利率促使资本外流，导致本国货币的对外汇率向下浮动，达到促进出口、改善国际收支的效应。其次，主要国家的货币汇率可根据市场供求状况自发调整，灵敏地反映客观经济的变化，使各国货币的币值得到充分的体现和保证。再次，在以浮动汇率为主导的复合汇率体制下，各国还可以减少为维持汇率稳定所必须保留的应急性外汇储备，由此减少这部分资金因脱离生产而造成的损失。

形成牙买加货币体系后，实现了浮动汇率制和国际储备多元化，美元已经不是唯一的国际储备货币和国际清算及支付手段。即使美元贬值，也不会从根本上影响到其他国家货币的稳定。由于美元早已与黄金脱钩，即使发生美元可能贬值的预兆，各国也不可能用自己的美元储备向美国挤兑黄金，基本上摆脱了基准通货国家与依附国家相互牵连的弊端。

牙买加货币体系对国际收支的调节，采取多种调节机制相互补充的办法。除了依靠基金组织和汇率变动外，还通过利率机制及国际金融市场的媒介作用、国际商业银行的活动、有关国家外汇储备的变动以及债权债务、投资等因素来调节国际收支，在一定程度上缓解了布雷顿森林国际货币体系调节机制失灵的困难，从而对世界经济的运转和发展起到了一定的积极作用。

（四）牙买加货币体系的弊端

随着复杂多变的国际经济关系的发展，牙买加货币体系被人们称作"无体制的体系"，弊端日益暴露出来。

在以浮动汇率为主导的混合汇率体制下，对世界经济有重大影响的主要工业国家全部采用浮动汇率制，汇率波动频繁剧烈。在这种情况下，许多弊端显现出来：①影响国际贸易和世界生产的发展。汇率的变动不定，在国际借贷关系上不是债权方蒙受损失，便是债务方负担加重，甚至引发债务危机，因此影响国际信用的发展，而国际信用关系的缩小又会影响期货贸易。②汇率频繁剧烈波动，使进出口商难以核算成本和利润，难免蒙受外汇风险损失，因而往往影响世界贸易的进展。③牙买加货币体系的汇率制以浮动汇率为主，汇率可以自由地向下浮动，因而比较容易导致通货膨胀。④这一汇率体制助长了外汇投机活动。在汇率频繁、剧烈的波动下，外汇投机商乘机倒卖外汇牟取暴利，加剧了国际金融市场的动荡和混乱。

随着国际货币多元化趋势的日益增强，美元国际货币地位的不断下降，牙买加货币体系这一以美元为中心的国际储备多元化和浮动汇率体系日益复杂、混乱和不稳定。多元化国际货币缺乏统一的、稳定的货币标准，国际货币格局错综复杂，因此，带来许多不利的影响。

牙买加货币体系对国际收支的调节机制也并不十分完善。由于汇率机制运转失灵，利率机制有副作用，基金组织又无力指导和监督顺差国与逆差国双方对称地调节国际收支等，导致逆差国储备锐减、债台高筑；顺差国则储备猛增，有的成为重要资本输出国，甚至成为最大债权国，全球性国际收支失衡现象日趋严重。

近年来，牙买加货币体系暴露出来的弊端，已引起世界各国的重视，并通过各种途径进行国际协调。在西方七国首脑会议上，在基金组织历届年会及其他会议上，都曾讨论过国际货币制度改革的问题。建立合理、稳定的国际货币新秩序，已被提到议事日程上来。

四、欧洲货币体系

（一）建立欧洲货币体系的原因

布雷顿森林体系瓦解以后，资本主义国家的货币体系发生了很大变化，最主要的标志就是1979年建立了欧洲货币体系。经过欧洲经济共同体各成员国多年来的筹备而建立起来的欧洲货币体系，是共同体在经济一体化道路上的一项重大进展，也是国际金融领域内的一件大事。欧洲货币体系建立的原因主要如下：

其一，20世纪60年代以后西欧力量加强，十分需要建立一个货币集团，来加强欧洲货币与美元的抗争能力，进而摆脱美国对欧洲国家的经济控制。

其二，布雷顿森林体系瓦解后，全球实行浮动汇率制，尽管共同体国家的货币从1972年开始实行联合浮动，但因这个体系缺乏共同的货币基金，干预市场的机制也不够健全，因此，欧洲美元泛滥，外汇投机猖獗，国际金融市场动荡不安，严重影响了西欧国家经济贸易的发展。在这种情况下，共同体国家有一种建立货币一体化的紧迫感，以抵御美元波动的影响。

其三，欧洲共同体国家为了在经济上与美国、日本抗衡，谋求在货币方面建立统一战线来扩大自己的实力，用集体力量保护自己和抵御外来的竞争。

其四，1968年，欧洲共同体先后建立了关税同盟和实行了共同农业政策，并取得了相当大的进展。为巩固这两方面的成果，共同体迫切需要协调各国的经济政策，特别是货币政策，因此，需要建立一体化的货币体系。

鉴于以上原因，1971年2月成立了欧洲货币联盟，后经反复磋商，于1979年3月13日正式成立欧洲货币体系。

（二）欧洲货币体系的主要内容

欧洲货币体系经历了一个漫长的发展过程。但它的主要内容和基本构架则是由欧洲货币联盟所确定的。

1. 创设欧洲货币单位

（1）欧洲货币单位的性质及构成

欧洲货币单位ECU是欧洲货币联盟的核心。它是按"一揽子"办法，由共同市场各国货币混合构成的货币单位。其定值办法则根据成员国的国内生产总值和共同市场内部贸易所占的比重大小，来确定各国货币在欧洲货币单位中所占的加权数，并用加权平均法逐日计算欧洲货币单位的币值。成员国货币在欧洲货币单位所占的加权数每5年调整一次，必要时也可以随时调整。ECU虽还不是法偿货币，没有纸币流通，但它正发挥着诸多重要的作用。

（2）欧洲货币单位的作用

欧洲货币单位的作用表现在：在实行欧共体内固定汇率制时，它作为基准货币而成为成员国货币的中心汇率的标准；是成员国货币当局之间的结算工具，以及整个欧共体的财政预算的结算工具；是干预汇率和信贷的计算标准。随着欧洲货币基金的建立，ECU逐渐成为一种储备资产。如在世界各国的外汇储备中，1990年底美元占51%，马克占19%，而ECU则占12%。因而，ECU成为世界上第三位的国际储备货币。又如，1990年上半年，在新发行的欧洲债券中，ECU债券占到13%，其比重仅次于美元债券，排在第二位。

2.确定一个稳定的汇率机制

欧洲货币联盟主要通过两种汇率干预体系来实现汇率稳定机制：一是平价网络体系，二是货币篮子体系。

在对内实行固定汇率、对外实行联合浮动的基础上，平价网络体系要求成员国货币之间彼此确定中心汇率，各成员国相互之间的汇率只能在中心汇率上下浮动。如果任何一国的货币升降超过允许波动的幅度，该国中央银行就有义务采取行动干预货币市场，使汇率恢复到规定的幅度之内。

3.建立欧洲货币基金

欧洲货币联盟要求集中各个参加国黄金储备的20%，以及美元和其他外汇储备的20%作为共同基金。考虑到各国储备的变动以及黄金、美元价格的波动，各成员国的欧洲货币基金份额每3个月重新确定一次。作为共同体的共同储备，基金的主要目的是向成员国提供信贷、干预市场、稳定汇率、平衡国际收支。在成员国发生资金困难时，欧洲货币基金主要采取三种信贷方式：①短期信贷，主要做干预外汇市场之用；②短期贷款，用作支持国际收支出现暂时困难的成员国；③中期财政贷款，用于国际收支处于严重困境的成员国。每个成员国都有一定的贷款定额，尤其对弱币国家的贷款更严格控制在定额之内。对不超过45天的短期贷款，则不加任何限制，并可享受3%的利息贴补。与国际货币基金发放贷款的办法相似，成员国取得贷款时，应以等值的本国货币存入基金。

(三)欧洲单一货币——欧元

1.欧洲单一货币的产生

1991年12月,欧共体在荷兰的马斯特里赫特举行的欧共体成员国首脑会议上,签署了《欧洲联盟条约》,又称《马斯特里赫特条约》(以下简称《马约》)。其中的《经济货币联盟条约》的目标是从1990年到1999年,分三个阶段,建立欧洲单一货币。具体来说,第一阶段是从1990年7月1日起至1993年12月31日,各成员国加入欧洲货币体系汇率机制,取消外汇管制,协调经济政策;第二阶段是从1994年1月1日起至1997年,建立独立的货币机构,监督各成员国的经济政策、货币政策和外汇储备,实际上就是未来的欧共体中央银行,只是它不干预各国中央银行的货币政策,同时,该阶段要求各成员国货币汇率幅度逐步缩小,并趋于稳定;第三阶段是从1997年至1999年1月1日,逐步实现一个中央银行、一种单一货币的货币联盟。由于英国和丹麦对实行单一货币持保留态度,允许两国有不参加第三阶段的例外权。

欧洲单一货币的趋同条件,是欧盟成员国加入欧元的必备条件。主要是:①低通货膨胀率。成员国的通胀率必须不超过成员国中三个通胀率最低国家通胀率平均值的1.5个百分点。②低利率。成员国的长期利率必须不超过成员国中三个长期利率最低国家长期利率平均值的2个百分点。③稳定的汇率。成员国货币汇率波幅必须至少连续两年处于欧洲汇率体系规定的狭窄范围内。④低赤字。各国政府的预算赤字不得高于GDP的3%。⑤低公债额。各国公债的总额存量不得超出GDP的60%。

2.欧洲单一货币的进展

1997年6月,欧盟15个成员国的国家元首聚会荷兰首都阿姆斯特丹,对这个问题再次进行了激烈的争论,最终就新的欧盟条约即《阿姆斯特丹条约》的草案达成了一致,这标志着对《马约》历时15个月的修改结束。同时,会议期间还正式批准了《稳定与增长公约》《欧元的法律地位》和《新的货币汇率机制》等三个文件,重申了欧洲货币联盟按时启动的立场,从而避免了一场可能影响单一货币如期实施的严重危机。

《马约》的主要内容有:①欧盟将从1999年1月1日起实施单一货币欧元,加入欧元的国家一旦其预算赤字超过国内生产总值的3%,而且3年内没有明显改善,那么，它将被课以重罚。根据法国的要求，在公约中加入了一项关于就业与增长的决议，据此，欧盟各国政府将在反失业政策方面加强协调。②欧洲投资银行将向中小企业提供长期贷款。③研究使用欧洲煤钢共同体储备金的可能性。④1997年10月召开一次关于就业的欧盟特别首脑会议。根据公约的要求，欧元将成为新的兑换机制的基准，欧洲中央银行必要时将进行干预，以支持新的兑换机制。欧元在1999年元旦之后将是欧盟唯一的货币。

1998年5月，欧盟首脑会议决定于1999年1月1日启动欧元，确认首批加入欧元的国家有比利时、德国、西班牙、法国、爱尔兰、意大利、卢森堡、荷兰、奥地利、葡萄牙和芬兰等11个成员国。同时，欧洲中央银行也开始独立运作。此后，欧元将用4年的时间在这些国家完成整个"诞生"的过程。从1999年1月1日起，各国货币与欧元实现固定汇率，所有金融系统将开始用单一货币作为计价单位，政府间的交易也开始以欧元核算，随后商贸活动也逐渐改用欧元。2002年1月1日起，欧元的纸币、硬币正式开始流通，半年内，各成员国公民必须将手中持有的现金兑换成欧元，同时所有的银行账户也须做相应的调整；半年后，各国货币全部退出历史舞台。

3.欧元在国际金融中的地位和作用

（1）欧元在国际储备货币格局中的地位

美元、马克和日元是国际储备体制中"三驾马车"，其中美元占主导地位。虽然欧元诞生以来在短期内表现不太理想，尤其是对美元汇率持续下跌，没有产生预期的影响，但从中长期看，情况会有所不同，这是因为：

首先，如果英镑加盟欧元（这最终会实现），那么，欧元在全球外汇储备中的份额将会增加，这不仅因为英镑在国际货币体系中具有重要地位，还因为英国的入盟将使欧元区的整体经济实力得到增强。这样，许多国家会采用欧元作为其干预外汇市场的主要工具之一，相应地，也就需要增加其持有的欧元储备。

其次，由于单一货币消除了欧元区内潜在的汇率风险，将会大大促进欧元区的对外贸易，由此将增强欧元在国际储备体制中的地位。目前，欧盟的出口总额占到全球出口总额的20%，有鉴于此，不少欧元区外的国家（尤其是欧盟的贸易伙伴）将愿意采用欧元作为对外贸易的计价单位。根据一国外汇储备须保持三个月进口总额的惯例，他们将增持欧元。

最后，由于国际（欧元区外）现存的马克储备在过渡期后将转换成欧元储备，而欧元成员国将采用其他货币作为其外汇储备，因此，全球外汇储备总额将趋于减少。相应地，由于美元储备的绝对量没有发生变化，其在全球外汇储备中的比重将会增加。但是，那些目前本国货币盯住欧元成员国货币的国家会转而盯住欧元。因此，欧元在国际储备货币格局中将处于第二位。从中长期来看，还存在着另一种可能性，即本国货币盯住美元的国家为了避免"鸡蛋都放在一个篮子里"，还会抛出美元，增持部分欧元以分散风险。

（2）欧元在国际结算中的作用

"出口使用硬币结算、进口使用软币结算"是所有国际贸易商追求的共同目标。由于工业化国家本国货币就是硬通货，因而他们主要使用本币作为国际贸易的合同货币。这样做的实质是将汇率风险转嫁给交易对方承受。这是因为以本币进行结算，清偿时不会发生本币与外币之间的兑换，外汇风险也就无从产生。

综上所述，欧元在开始时会占有欧元国原来的货币在世界贸易中的结算份额，其重要性将超过德国马克和欧洲货币单位。在近期，它对美元在世界贸易结算中的垄断地位不会构成威胁，但在中期，与美元相比，欧元在贸易结算中的地位会上升，到长期，欧元会被其他非欧盟国家用于同欧盟之间的双边贸易结算，甚至会被用于同非欧洲国家的国际贸易结算。欧元存在的问题是汇率安排和收支系统的规模、效率和流动性。欧元在变成主要国际贸易货币的进程中，首先面临的也可能是最关键的问题是保证收支系统的顺利运作。为了保证欧元的信用，欧元创始国不仅必须严格履行《马约》的各项条款，而且必须支持欧元的流通。

欧元的收支系统只有具备令人满意的表现，欧元国的贸易伙伴才会使用欧元与欧元国进行经济交往。欧元启动后，就要求欧元国的金融机构转变会计和交易方法。在三年半的过渡时期内，欧元将作为欧盟第十六种货币而与欧盟各国货币并存。因此，金融市场对欧元的使用，将不仅取决于其清算和收支机制的效率，而且还取决于欧洲中央银行对欧元国在受到不同程度的冲击时的管理能力。

4.欧元对世界经济的影响

（1）对美国的影响

美元成为国际货币以来，首次有了真正的竞争对手。在可预见的年代里，美元和欧元将在多方面展开竞争。作为国际货币必须具有三方面的条件，那就是储备手段、国际贸易中的支付单位和金融市场的交易货币。目前在这三方面，美元都是居于支配地位。美元的这种优势能够保持多久，取决于美元在国际动荡中的信誉如何。

（2）对亚洲的影响

亚洲对欧元抱有较大的期望。亚洲国家同欧洲有大量的贸易往来，约占亚洲贸易总额的1/3。而亚洲外汇储备只有12%是欧洲货币，而且亚洲国家差不多有一半的外债债主是欧洲几大银行，贸易结算和债务清理必须使用欧元。欧元汇率比较稳定，可以减少货币兑换损失，减少汇率风险。增加欧元外汇储备是有条件的，也是必要的。

日本在欧元面世时，也雄心勃勃地高喊"日元国际化"，并非同寻常地采取果断措施，要充分发挥日元的潜在作用，梦想以美元为基础，面向日元和欧元，以实现多样化，引向三极货币的世界。但日本当局在政治上和经济上不能取得亚洲国家和人民的信任，加之日元极不稳定，在亚洲金融危机中表现极差，日本政府坚持日元贬值，不仅不注入资金，以解东南亚国家的金融危机之困，还抽回资金投入美国股票市场牟利。不过日元在国际货币体系中是很虚弱的，要想同美元、欧元平起平坐，可能力不从心，不是短期内能够实现的。

（3）对拉丁美洲的影响

拉丁美洲地区有4.9亿消费者，为欧盟提供了前所未有的贸易和金融机会。欧盟准备给予拉丁美洲以关税优惠待遇，进行大量投资，签署协定，以加强同拉丁美洲的关系，收复失地。为此正在同南方共同市场和智利进行谈判。拉丁美洲国家实施电讯、运输、公路、港口建设，渴望得到资金以从事建设和弥补财政赤字。拉丁美洲国家90%的外汇储备是美元，如改变储备构成，欧元将达到25%的份额，这对欧元很有吸引力，在这个地区，美欧之间、美元和欧元将展开日益激烈的争夺。

欧元的产生是自1973年维持固定汇率机制的布雷顿森林体系崩溃之后，国际货币体系最重要的事件，必然对世界经济产生重大的影响：①建设货币联盟是欧盟的一项重大决定。货币联盟的实现反过来将对建设政治联盟产生重大的推动作用,极大地增强欧盟各国间的凝聚力,进一步巩固欧洲一体化建设的根基,为欧盟的继续扩大奠定物质基础。②货币联盟将使欧盟内部统一市场更完善和更好地发挥规模经济效益,从而将为欧盟的经济发展注入新的活力。欧盟经济、货币政策长期保持协调一致,有助于欧盟成为一个较为稳定的经济、货币中心,增强抵御国际金融市场动荡的能力,有利于与美元分庭抗礼。③随着欧盟的扩大和经济实力的不断增强,欧元必将成为国际储备货币和主要结算货币之一,将增强欧盟在国际经济、货币体系中的分量,进一步削弱美元的垄断地位,有利于确定新的世界经济和货币格局,有利于多极化趋势的发展。欧元对世界经济的影响程度不仅取决于它与美元分庭抗礼的能力,而且取决于它对国际金融市场的稳定性的影响程度。

第二节 国际资本流动与金融危机

一、国际资本流动

(一)国际资本流动的特点及主要分类

1.国际资本流动的定义

国际资本流动是指资本从一个国家或地区转移到另一个国家或地区。国际资本流动与一国的国际收支有着直接的关系,它主要反映在一个国家国际收支平衡表的资本账户中。

资本流入是指资本从国外流入国内,它意味着本国对外国的负债增加(外国在本国的资产增加),或者本国在外国的资产减少(外国对本国的负债减少)。资本流出是指资本从国内流到国外,它意味着本国在外国的资产增加(外国对本国的负债增加),

或者本国对外国的负债减少（外国在本国的资产减少）。

2.国际资本流动的特点

近年来，国际资本流动发生了很大的变化，主要有以下几个特点：

（1）国际资本市场不断膨胀，融资工具更趋完善

当前，国际资本的规模已从20世纪70年代初的数百亿美元，急剧膨胀到数万亿美元。资本主义国家货币资本运动与商品资本运动日趋分离。货币供应量的增长远远超过经济增长所必需的货币量，货币资本自我膨胀。随着世界经济一体化的发展，国际贸易不断扩大，促进国际资本流量增加，规模增大。国际金融管理的宽松化和金融工具的创新浪潮，一方面加速了国际资本的流动和规模的扩大，另一方面也促进了金融衍生工具自身的进一步发展。资本膨胀的一个显著的特征是短期资金的规模更加巨大。现在国际资本市场上的游资呈现快速增长趋势，这些资金已经成为左右世界金融秩序的一股重要力量。

（2）国际直接投资迅速发展并占主导地位，投资规模迅速扩大

第二次世界大战前，国际资本流动中的90%是以间接投资的形式出现的。第二次世界大战后，发达国家的国际资本流动的75%左右是对外直接投资。对外直接投资增长速度惊人，年平均增长速度超过国际贸易和工业生产的增长速度。直接投资对投资国和东道国都有巨大的优势，今后这一趋势将表现得更加明显。

（3）国际资本流动中的主体是发达国家，但发展不平衡

发达国家的资本对流仍是国际资本流动的主流，即发达国家既是最大的资本输出者，又是国际资本的主要吸收者。亚洲的日本，欧洲的瑞士、荷兰、瑞典、比利时和意大利等国的对外投资增长速度较快，他们的对外投资具有全方位、多元化、多层次的特点。

（4）国际资本流动的国别地区流向发生了较大变化

目前，国际资本流动的方向是呈单向型发展的，主要是发达资本主义国家流向发展中国家和一些前属领地。但是由于发达资本主义国家之间经济条件和文化背景类似，软硬件设施好，所以，当前国际资本流动逐渐发展成为发达国家相互间的对流性移动，并且发达国家的双向投资比重仍在继续提高。值得指出的是，20世纪90年代

以来，流入发展中国家或地区的资本有所回升，并更加集中在少数新兴工业化国家和地区，特别是流向国际投资环境较好，如国际金融条件较好、经济增长速度较快、国内政治相对稳定的国家与地区，如东南亚地区、拉丁美洲地区等。投资流向的部门也由以前的自然资源开发型，逐步转向制造业和商业、金融、保险、运输等服务行业，并且主要集中在一些发展迅速、以高技术为特征的新兴工业部门。另外，由于苏联和东欧局势的变化，东欧表现出较大的发展潜力，因此也吸引了欧美国家大量的投资。随着欧洲一体化的发展，这一趋势将更加明显。

（5）新兴工业化国家和地区对外资本流动持续稳定发展

20世纪60年代后期以来，一些发展中国家和地区通过积极有效地引进外资和先进技术，大力发展经济贸易，使本国或本地区经济实力大大增强，也从资本的输入国转变为输出国。新兴工业化国家和地区的对外直接投资仍主要流向发展中国家和地区，集中于制造业和服务业。

3.国际资本流动的分类

根据资本的流动方向划分，国际资本流动可分为资本流入与资本流出；根据资本的使用期限的长短，国际资本流动可分为长期资本流动和短期资本流动；根据资本流动与实际生产和贸易的关系，国际资本流动可分为实物性资本流动和金融性资本流动。下面将以资本的使用期限为标准对长期资本流动和短期资本流动进行分析。

（1）长期资本流动

长期资本流动主要是指使用期限在1年以上或者未规定使用期限的资本流动。它主要包括直接投资、证券投资和国际贷款。

直接投资指一国的投资者采用各种形式对另一国家、地区的工商企业进行投资以及将投资利润再投资，并且取得对该投资企业部分或全部管理控制权的投资方式。直接投资主要有三种形式：一是在国外创办新企业，包括创办独资企业，设立子公司及分支机构、附属机构，或与东道国、其他国共同投资创办合营企业等。二是收购国外企业，包括购买国外企业一定比例以上的股份。三是利润再投资，即以投资者在国外企业所获得的利润作为资本，对该企业或其他企业进行再投资，而实际上并没有发生资本在国家间的移动。

证券投资又称为间接投资，是指投资者在国际资本市场上购买外币有价证券的投资方式，它主要是通过购买中长期债券和购买外国公司股票来进行的。证券投资的特点主要有三个：一、收益性。即证券投资者的目的在于获取债息、股息等投资收益或者获取买卖差价，而不在于获取对企业的直接控制权，但如果购买某企业上市股票达到或超过一定额度（通常是10%～15%），则属于直接投资。二、市场流动性。投资者可以根据国际证券市场情况进行灵活的投资，与之相适应的是在国际金融中心都有灵活自由的证券市场。三、投机性。以投机为目的的证券买卖，其资本流动具有短期性质。

国际贷款是指一国政府、国际金融机构或国际银行对非居民（包括外国政府、银行、企业等）所发放的中长期贷款。国际贷款的主要特点有：一、纯粹属于借贷货币资本的流动，不涉及在国外设立生长经营企业或收购企业股权，不涉及国际证券的发行与交易；二、贷款的收益主要是利息及有关费用；三、贷款风险主要是信用风险。

（2）短期资本流动

短期资本流动是指1年或1年以下期限的货币资本流动。一国对外短期资本流动，大多借助于各种票据等信用工具，以及电话、电报、电传和传真等现代通信手段。按照资本流动的不同动机，短期资本流动的方式可分为贸易性资本流动、金融性资本流动、保值性资本流动和投机性资本流动。

贸易性资本流动是最传统的短期国际资本流动方式。在国际贸易中，出口商通常不要求进口商立即支付全部货款，而允许进口商有一段时期延期支付。当出口商或其开户银行向进口商提供短期延期支付信贷时，进口商的对外债务增加或债权减少，这就形成了贸易性融资的短期资本流动。

金融性资本流动也称银行资本流动，是指各国经营外汇的银行和其他金融机构之间的资金融通而引起的国际资本转移。这种资本流动主要是为银行和金融机构调剂资金余缺服务的，其形式包括套汇、套利、掉期、头寸调拨以及同业拆借等。因为它金额大、流动频繁，而且涉及外汇业务，银行资本流动对利率、汇率的短期变动有一定的影响。

保值性资本流动是金融资产的持有者为了资金的安全或保持其价值不下降而进

行资金调拨转移而形成的短期资本流动。某个国家或地区政治局势不稳，可能引起其国内资本或国内的外国资本外逃。一国经济情况不好，国际收支状况恶化，那么其货币必定趋于贬值，于是国内资金会向币值稳定的国家流动。另外，国家如果宣布实行外汇管制、限制资金外逃或增加某些征税，也可能引起大量资本外逃，形成突发性的大规模短期资本流动。

投机性资本流动是投资者在不采取抛补性交易的情况下，利用汇率、金融资产或商品价格的波动，伺机买卖、牟求高利而引起的短期资本流动。投机者能否盈利全凭对形势的预期或判断是否正确，若预期错误，必然遭受损失。比如投机者将资金投向目前疲软的货币，但预期该货币汇率不久就要转向，若日后该货币汇率果然上升，则投机者获利。

（二）国际资本流动的原因

影响国际资本流动的因素是多种多样的，主要有以下几个：

1.经济增长与资本供求

凡经济增长迅速，利润较高，或国内资金不足，储蓄率低，资金不能满足经济发展需要的国家，国际资本就流向这类国家。如20世纪90年代，美国经济增长高于欧洲国家，欧洲国家的大量资本就流向美国。20世纪80年代后，亚太地区的一些国家经济保持高速度增长，对资金需求大，也对国际资本形成了强大的吸引力。

伴随着世界市场的出现与发展，商品和生产要素的流动国际化，作为生产要素之一的资本的供给和需求也在不断增长。由于经济发达国家的经济发展水平高，国内资本积累规模不断增大，国内有利的投资场所逐步减少，出现大量的相对过剩的资本，必然流向国外寻找更有利的投资场所，从而形成了国际资本的供给；同时，对于发展中国家来说，资金是一种非常稀缺的资源，大多数发展中国家的国内资本市场极不发达，储蓄率低，自身的资金供给无法满足经济发展的需要，因此产生的缺口只能通过引进外资来予以弥补，从而形成了对国际资本的巨大需求。

2.利率与汇率差异

利率是引导国际短期资本流动的一个主要影响因素，往往表现为高利率国家资本流入，低利率国家资本流出。因此，在国际收支不平衡时，提高利率吸引外国短期资本流入就成为一种较为普遍的做法。

汇率作为市场经济运行的另一个杠杆，是通过改变资本的相对价值对国际资本流动产生影响的。如果一国的货币升值，以该国货币表示的金融资产价值就会上升；相反，就会下降。因此，投资者就会把手中还持有的金融资产，从汇率不稳定或有下浮趋势的货币形式转换为汇率稳定或有上浮趋势的货币形式，从而导致资本从一个国家或地区转移到另一个国家或地区。然而，国际金融资产形式的转移也会受到各种金融资产价格相关关系的制约，即转换的机会成本的制约。如果金融资产形式转换的机会成本大于转换后获得的利润，则不会发生此类国际资本的流动。

3.风险的大小

国际投资者对风险的考虑是左右国际资本流动的主要因素。导致风险的因素有很多，从宏观方面看，有外汇管制风险、货币贬值风险、国家信用风险（如没收投资、拒绝承认上届政府或政府担保的债务、拒绝偿还等）、经济波动风险等；从微观方面看，最主要的是违约风险。国际资本流动之所以主要在发达国家之间进行，最根本的因素就在于发达国家政治稳定、社会安定、法律健全，投资者的利益更有安全保证。

4.国际化分工与专业化协作

随着国际分工与专业化协作的发展，生产国际化的深入，部门分工被部门内车间分工所取代，跨国公司所控制的许多产品生产过程延伸到世界各国，各国利用相对优势各自扩大投资，实行分散生产，集中装配。在生产国际化基础上，国际性综合产品大量生产，促进了国际资本的流动。

5.市场开放及成熟度

开放的市场不仅为国际资本的流动提供了可能，也意味着为资本提供了更多的市场机会。在国内市场相对饱和时，资本对正在开放的市场就会产生极大的兴趣。另外，市场的成熟程度对国际资本流动也有重要影响。市场的成熟主要表现为完善的法律法规体系、稳定的制度安排、规范的市场运作。这对国际资本获得正常投资收益具有重要的保障。

（三）国际资本流动的影响分析

1.中长期国际资本流动的经济效应

（1）对资本流入国的积极效应

其一，有利于发展中国家的资本形成。资本形成不足是阻碍这些国家经济发展的主要问题，引进外资是促进资本形成的有效途径。外商直接投资的投资决策由外国投资企业做出，即使并不完全符合本国发展目标，也能直接作用于国内的资本形成，为资本流入国增添新的生产力。而国际借款（银行信贷、政府信贷或债券发行等）和政府间的赠与款项的使用方向则完全取决于资本流入国自身：或由政府统筹，用于建设公共服务事业和作为社会经营资本，从而奠定长期经济发展的基础；或由国内企业在利润最大化目标指导下自主决定投资项目，对本国经济成长也具有积极作用。

其二，有助于平抑国内经济周期的波动。由于获得非居民的外商直接投资、银行贷款或证券投资资本，国内微观主体的金融活动范围超出了本国市场的界限。这使得国内企业和消费者可以在本国经济衰退时借助资本输入继续从事投资和消费活动，在经济增长时再对外进行清偿。通过这种方式，国际资本流入就在很大程度上发挥了平抑流入国经济周期的作用，从而为本国经济体系提供了更高的稳定性。与此同时，国内投资者也在一定程度上享受到了在国际范围内进行多样化投资的好处，降低了因为国内经济波动而不得不面对的风险程度。而相对提高的收益水平很可能刺激国内储蓄和投资活动的高涨，使资本流入国的产出效应进一步放大。

（2）对资本输出国的积极效应

对于净资本输出国来说，资本流出有利于提高本国资源的利用效率，只要资本输出的资金来源选择得当，资本输出不仅不会减少输出国的消费与投资，反而会成为推动国民收入增长的有利因素。一方面，国际资本流动为资本输出国原本闲置的资金开拓了更广阔的用武之地，满足了资本自身追逐利润的天性，也符合资本输出国经济扩张的国家利益；另一方面，资本输入国国民收入的提高必然会带动进口增加，如果新增进口的大部分订单落入资本输出国的手上，意味着资本输出国的出口将扩大，在外贸乘数的作用下，会引起该国国民收入水平提高，增加储蓄和投资。

（3）中长期资本流动的潜在风险和主要危害

其一，对资本输出国和输入国都有负面效应的利率、汇率风险。无论是国际银行贷款、国际债券、国际股票市场还是国际衍生产品市场，都与国际金融市场利率水平联系密切。利率变动使借贷双方都面临遭受损失的可能性，而且期限越长，相应的利率风险程度可能就越高。如果是固定利率的银行信贷，则国际市场上商业银行贷款利率上升时，贷款行面对的利率风险提高；而市场利率下降时，借款人面对的利率风险提高。如果是浮动利率的银行信贷，则市场利率上升对贷款银行有利，而市场利率下降对借款人有利。

汇率变动时资本跨国流动是不可避免的问题，而且期限越长，相应的外汇风险程度可能就越高。从宏观上看，汇率变动可能因为恶化贸易条件或者引起旅游业波动而改变一国的资本流动状况，也可能因为货币当局调整外汇储备规模和结构而影响资本流向和数量的变化，从而对国民收入、国内就业及经济发展等宏观因素不利。从微观上看，汇率波动超出预期水平，会加大企业成本与收益核算的难度，从而影响企业涉外业务，并影响私人资本的跨国流动；如果汇率变动加大了企业对外的债务负担，造成企业不能按时偿还到期外债，就会影响进一步的国际资本流入，并最终影响相关企业的经营战略。

其二，国际资本流动可能危害流入国的银行体系。发展中国家的金融体系以间接融资为主，所以流入的国际资本中有相当一部分会首先进入这些国家的银行体系。20世纪90年代，私人资本大规模进入发展中国家，严重冲击了本来就不完善的银行体系，为后来的金融危机埋下了隐患。

2.短期国际资本流动的经济效应

（1）积极效应

其一，国际资本流动有助于国际金融市场发展。首先，国际资本流动加速了全球经济和金融一体化进程。特别是国际投机资本在世界各主要金融市场的套汇、套利活动，使国际金融交易中的汇率差异和利率差异明显缩小，呈现出价格一体化趋势。其次，国际资本流动极大地增加了国际金融市场的流动性。利用现代化的通信和交易手段，国际资本可以迅速地从一国流向另一国，从而满足国际金融市场的资金需求，同时降低国际金融交易成本。虽然大部分短期国际资本带有投机性质，容易冲击市场运行，但也必须看到，投机资本进入，承担并分散了国际金融市场上的价格风险，在为需求者提供流动性的同时，更有可能减少市场价格的波动程度，提高国际金融市场的效率和稳定性。

其二，国际资本流动有利于促进国际贸易发展。应收账款融资、国际保理、信用证融资等短期贸易融资方式，既有利于出口商资本周转，也为进口商解决了支付困难的问题，从而直接推动了国际贸易的扩大。同时，出口信贷等中长期贸易融资方式也为扩大贸易产品范围拓宽了思路。更重要的是，为国际贸易提供融资服务，培养锻炼了发展中国家的金融机构，为其进入国际金融大舞台做好了技术和声誉上的准备。

其三，国际资本流动为跨国公司短期资产负债管理创造了便捷条件。跨国公司短期投融资活动较大程度上依赖于国际金融市场，特别是其中的欧洲货币市场，因此可以认为，国际资本流动间接地开阔了跨国公司财务主管的视野，有利于提高短期资产负债管理效率。

其四，国际资本流动有利于解决国际收支不平衡问题。国际收支不平衡的国家，因国际金融市场的发展而得到了弥补国际收支赤字的平台，或者充分利用国内盈余资金的便捷方式。据世界银行统计，广大非产油的发展中国家、中等发达国家甚至发达国家的暂时性国际收支逆差，绝大部分是通过在国际金融市场筹集短期资金来弥补的；而石油输出国、日本等长期国际收支巨额顺差的国家，也是在国际金融市场发展中提高了国内资本的利用效率。

（2）消极效应

消极效应主要表现为短期国际资本流动对发展中国家证券市场的影响。巨额国际资本一方面可能带动股票市场以外的其他金融资产价格波动；另一方面可能通过证券价格波动影响到金融机构的收益和资本金。结果，短期国际资本对股票市场的冲击就有可能酿成整个金融体系的灾难。

国际投机资本的高流动性和高投机性，意味着只要某国经济走势有了些许朝不利方向发展的苗头，即使毫无事实依据的谣言或预言，也会使巨额国际资本加速外逃，导致该国宏观经济迅速恶化，严重时还会引发货币危机和金融危机。危害的具体表现通常有：影响当事国的外债清偿能力，降低国家信用等级；导致市场信心崩溃，从而引起更多的资本撤出，使当事国金融市场陷入极度混乱；造成国际收支失衡；导致当事国货币价值巨幅波动，面临极大的贬值压力。

20世纪90年代以来，国际短期资本流动不仅严重冲击着发展中国家尚未成熟的金融市场，也给一些国家的汇率制度带来了麻烦，更是频繁地引起国际货币危机和金融危机。一般认为，国际货币危机是与对汇率波动采取某种限制的汇率制度相联系的，主要发生在固定汇率制下，表现为外汇市场上单方向的持续操作迫使该国最终放弃固定汇率制度，导致外汇市场出现剧烈动荡的带有危机性质的事件。广义的货币危机，也指汇率变动在短期内超过一定幅度（比如15%～20%）的情况。不难发现，国际货币危机发生在外汇市场上，而汇率的过度波动往往会诱发国内股票市场和银行体系的全面金融危机；从另一个角度来看，国内政治经济因素所导致的金融危机也有可能触发货币危机。

二、国际金融危机

（一）金融危机的定义和分类

《新帕尔格雷夫经济学大辞典》将金融危机定义为"全部或部分金融指标——短期利率、资产（证券、房地产、土地）价格、商业破产数和金融机构倒闭数——的急剧的、短暂的和超周期的恶化"。根据国际货币基金组织在《世界经济展望1998》中的分类，金融危机大致可以分为以下四大类：

（1）货币危机

货币危机又称国际收支危机，它的含义有广义与狭义两种。从广义来看，一国货币的汇率变动在短期内超过一定幅度（有的学者认为该幅度为15%～20%），就可以称为货币危机。就其狭义来说，货币危机是与对汇率波动采取某种限制的汇率制度相联系的，主要发生于固定汇率制度下，它是指市场参与者在对一国固定汇率失去信心的情况下，通过外汇市场进行抛售等操作导致该国固定汇率制度崩溃、外汇市场持续动荡的带有危机性质的事件。货币危机与金融危机在某些研究者的分析中不加区分，但人们一般认为，这两者是存在区别的。前者主要发生在外汇市场上，体现汇率的变动；而后者的范围更广，还包括发生在股票市场和银行体系等国内金融市场上的价格波动以及金融机构的经营困难与破产等。货币危机可以诱发金融危机，而由国内因素引起的一国金融危机常常也会导致该国货币危机的发生。

（2）银行业危机

银行危机是指银行过度涉足（或贷款给企业）从事高风险行业（如房地产、股票），从而导致资产负债严重失衡，呆账负担过重而使资本运营呆滞从而破产倒闭的危机。银行危机根据不同的判断标准可以划分为不同的类型：按危机的性质可分为银行体系危机和单个银行危机；按危机的起因可分为内生性银行危机和外生性银行危机；按危机的程度可分为以流动性紧张为特征的银行危机和以丧失清偿力为特征的银行危机，在大多数发展中国家，银行危机的爆发往往是以前一种形式出现的。

（3）债务危机

一国国内的支付系统严重混乱，不能按期偿付所欠外债，包括主权债和私人债等。衡量一个国家外债清偿能力有多个指标，其中最主要的是外债清偿率指标，即一个国家在一年中外债的还本付息额占当年或一年出口收汇额的比率。一般情况下，这一指标应保持在20%以下，超过20%就说明外债负担过高。发展中国家的债务危机起源于20世纪70年代，80年代初爆发。

（4）系统性金融危机

系统性金融危机也可以称为"全面金融危机"，是指主要的金融领域都出现严重混乱，如货币危机、银行业危机、外债危机的同时或相继发生。

（二）金融危机理论模型

20世纪多次金融危机使社会经济蒙受了巨大损失，相应的研究催生了金融危机理论。金融危机理论呈现为经济金融视角—货币金融视角—技术金融视角的研究进程。

1. 货币危机理论

西方对货币危机研究的起步较晚，直至20世纪70年代末才形成比较成熟的理论。在70年代中期以前，金本位时期及布雷顿森林体系下的外汇市场总体比较稳定，严格意义上的货币危机比较少见，因此这一阶段对货币危机的研究是零星的，属于货币理论的萌芽阶段。这段时期的研究表现出的特点为：一是货币危机尚未成为一个独立的研究主题，一般将货币危机视为经济危机的货币表现，金德尔伯格的"一般危机模型"是这种观点的代表；二是研究方式文献化，更多进行的是对历史事件的整理与总结工作。70年代中期至80年代中期是货币理论的第二阶段，这一阶段产生了第一代货币危机理论模型，基本上形成了独立的、比较成熟的货币危机理论。

（1）第一代货币危机理论

克鲁格曼发表的《国际收支平衡危机的模型》一文中构造了货币危机最早的理论模型。第一代货币危机理论认为：扩张性的宏观经济政策导致了巨额财政赤字，为了弥补财政赤字，政府只好增加货币供给量，同时为了维持汇率稳定而不断抛出外汇储备，一旦外汇储备减少到某一临界点，投机者会对该国货币发起冲击，在短期内将该国外汇储备消耗殆尽，政府要么让汇率浮动，要么让本币贬值，最后，固定汇率制度崩溃，货币危机发生。许多经济学家后来对其进行了改进和完善，最终形成了第一代货币危机理论。该理论从一国经济的基本面解释了货币危机的根源在于经济内部均衡和外部均衡的冲突，如果一国外汇储备不够充足，财政赤字的持续货币化会导致固定汇率制度的崩溃并最终引发货币危机。当宏观经济状况不断恶化时，危机的发生是合理的，而且是不可避免的。它比较成功地解释了20世纪70—80年代的拉丁美洲货币危机。

（2）第二代货币危机理论

英镑危机发生，当时英国不仅拥有大量的外汇储备（德国马克），而且其财政赤字也未出现与其稳定汇率不和谐的情况。第一代货币危机理论无法对其作出合理解释，经济学家开始从其他方面寻找危机发生的原因，逐渐形成第二代货币危机理论。第二代货币危机理论最具代表性的是由奥布斯菲尔德提出的。他在寻找危机发生的原因时强调了危机的自我促成的性质，引入了博弈论，关注政府与市场交易主体之间的行为博弈。奥布斯菲尔德设计了一个博弈模型，说明了动态博弈下自我实现危机模型的特点，并呈现出"多重均衡"性质。该模型认为：一国政府在制定经济政策时存在多重目标，经济政策的多重目标导致了多重均衡。因而政府既有捍卫汇率稳定的动机，也有放弃汇率稳定的动机。在外汇市场上有中央银行和广大的市场投资者，双方根据对方的行为和掌握的对方的信息，不断修正自己的行为选择，这种修正又影响着对方的下一次修正，形成了一种自促成，当公众的预期和信心的偏差不断累积使得维持稳定汇率的成本大于放弃汇率的成本时，中央银行就会选择放弃，从而导致货币危机的发生。

以奥布斯菲尔德为代表的学者在强调危机的自我促成时，仍然重视经济基本面的情况，如果一国经济基本面的情况比较好，公众的预期就不会发生大的偏差，从而可以避免危机的发生。与此同时，另一些第二代货币危机模型则认为危机与经济基本面的情况无关，可能纯粹由投机者的攻击导致。投机者的攻击使市场上的广大投资者的情绪、预期发生了变化，产生"传染效应"和"羊群效应"，推动了危机的爆发，货币危机之所以发生恰恰是因为它们正要发生。第二代货币危机理论较好地解释了英镑危机，当时英国政府面临提高就业与维持汇率稳定的两难选择，结果放弃了有浮动的固定汇率制。

（3）第三代货币危机理论

1997年下半年爆发的亚洲金融危机呈现出许多新的特征。这次危机发生之前，亚洲许多国家都创造了经济发展的神话，而且大多实行了金融自由化。第一、二代理论已无法较好地解释这场金融危机，更难理解的是，这些国家和地区经济（尤以韩国为例）在危机过后很短时间内就实现了复苏，某些方面甚至还好于危机之前。

第三代货币危机理论是由麦金农和克鲁格曼首先提出的。该理论强调了第一、二代理论所忽略的一个重要现象：在发展中国家，普遍存在道德风险问题。普遍的道德风险归因于政府对企业和金融机构的隐性担保，以及政府同这些企业和机构的裙带关系，从而导致了在经济发展过程中的投资膨胀和不谨慎，大量资金流向股票和房地产市场，形成了金融过度，导致了经济泡沫。当泡沫破裂或行将破裂引发资金外逃时，极可能引发货币危机。因此，防范危机的关键在于尽可能减少政府与金融机构之间的

"裙带关系",同时加强对金融体系和资本市场的监管,减少直至取消对银行业的保护,从根本上化解道德风险。

第三代货币危机理论出现较晚,但研究者们普遍认为脆弱的内部经济结构和亲缘政治是导致这场危机的关键所在。

(4) 第四代货币危机理论

第四代货币危机理论是在已有的三代成熟的货币危机理论上建立起来的。该理论认为,本国企业部门的外债水平越高,资产负债表效应越大,经济出现危机的可能性就越大。其逻辑理论是:企业持有大量外债会导致国外的债权人悲观地看待这个国家的经济,减少对该国企业的贷款,使其本币贬值,企业的财富下降,从而能申请到的贷款下降,全社会的投资规模下降,经济陷入萧条。第四代货币危机理论尚不成熟,有待进一步完善。

2.银行业危机理论

(1) 弗里德曼的货币政策失误论

弗里德曼的货币政策失误论认为,因为货币需求函数的相对稳定性,货币供求失衡的根本原因在于货币政策的失误。而且,这种失误(如突然的通货紧缩)可以使一些轻微的局部的金融问题,通过加剧银行恐慌演变为剧烈而全面的金融动荡。

(2) 金融不稳定假说

明斯基对金融内在脆弱性进行了系统分析,提出金融不稳定假说。他将市场上的借款者分为三类:第一类是"套期保值"型借款者。这类借款者的预期收入不仅在总量上超过债务额,而且在每一时期内,其现金流量都大于到期债务本息。第二类是"投机型"借款者。这类借款者的预期收入在总量上超过债务额,但在借款后的前一段时期内,其现金流量小于到期债务本息,而在这段时期后的每一时期内,其现金流量大于到期债务本息。第三类是"蓬齐"型借款者。这类借款者在每一时期内,其现金流量都小于到期债务本息,只在最后一期,其收入才足以偿还所有债务本息。因而他们不断地借新债还旧债,把"后加入者的入伙费充做先来者的投资收益",以致债务累计越来越多,潜伏的危机越来越大。

在一个经济周期开始时,大多数借款者属于"套期保值"型借款者;当经济从扩张转向收缩时，借款者的盈利能力缩小，逐渐变成"投机型"借款者和"蓬齐"型借款者，金融风险增大，因而金融体系具有内在的不稳定性，经济发展周期和经济危机不是由外来冲击或是失败性宏观经济政策导致的，而是经济自身发展的必经之路。

（3）银行体系关键论

詹姆斯·托宾1981年提出银行体系关键论，其核心思想是：银行体系在金融危机中起着关键作用。在企业过度负债的经济状态下，经济、金融扩张中积累起来的风险增大并暴露出来，银行可能遭受损失，所以银行为了控制风险，必然提高利率、减少贷款。银行的这种行为会使企业投资减少，或引起企业破产，从而直接影响经济发展，或者使企业被迫出售资产以清偿债务，造成资产价格急剧下降。这种状况会引起极大的连锁反应，极强烈的震动也使本来已经脆弱的金融体系崩溃得更快。托宾认为，在债务-通货紧缩的条件下，债务人财富的边际支出倾向往往高于负债人，因为在通货紧缩-货币升值的状况下，债务人不仅出售的资产贬值，而且拥有的资产也贬值。在债务人预期物价继续走低的情况下，变卖资产还债的倾向必然提前。

（4）"金融恐慌"理论

戴尔蒙德和狄伯威格认为银行体系的脆弱性主要源于存款者对流动性的不确定性以及银行的资产较之负债缺乏流动性之间的矛盾。他们在1983年提出了银行挤兑理论，其基本思想是：银行的重要功能是将存款人不具流动性的资产转化为流动性的资产，以短贷长，实现资产增值。在正常理论下，依据大数定理，所有存款者不会在同一时间取款。但当经济中发生某些突发事件（如银行破产或经济丑闻），就会发生银行挤兑。查瑞和贾根纳森进一步指出，一些原本不打算取款的人一旦发现取款的队伍变长，也会加入挤兑的队伍，从而引发金融恐慌。

（5）"道德风险"理论

麦金农认为，由于存款保险制度的存在，以及政府和金融监管部门在关键时候扮演"最后贷款人"的角色，一方面会使银行产生道德风险，从事具有高风险的投资，增加了存款人受损害的可能性；另一方面，存款者也会不对银行实施监督。世界银行和国际货币基金组织对65个国家在1981年—1994年间发生的银行危机做的计量测试也表明，在有存款保险制度的国家，发生危机的概率要高于没有设立保险制度的国家。

3.债务危机理论

（1）欧文·费雪的债务—通货紧缩理论

欧文·费雪的核心思想是：企业在经济上升时期为追逐利润"过度负债"，当经济陷入衰退时，企业盈利能力减弱，逐渐丧失清偿能力，引起连锁反应，导致货币紧缩，形成恶性循环，金融危机就此爆发。其传导机制是：企业为清偿债务廉价销售商品—企业存款减少，货币流通速度降低—总体物价水平下降—企业净值减少、债务负担加重、盈利能力下降—企业破产、工人失业—人们丧失信心、悲观情绪弥漫—人们追求更多的货币储藏、积蓄—名义利率下降、实际利率上升—资金盈余者不愿贷出、资金短缺者不愿借入—通货紧缩。

（2）沃尔芬森的资产价格下降论

沃尔芬森的资产价格下降论的核心思想是：债务人由于过度负债，在银行不愿提供贷款或减少贷款的情况下，被迫降价出售资产，就会造成资产价格的急剧下降。由此产生两方面的效应：一是资产负债率提高，二是使债务人拥有的财富减少，两者都削弱了债务人的负债承受能力，增加了其债务负担。债务欠得越多，资产降价变卖就越多；资产降价变卖越多，资产就越贬值，债务负担就越重。

（3）综合性国家债务理论

苏德从经济周期角度提出的综合性国家债务理论认为：随着经济的繁荣，国际借贷规模扩张，中心国家（通常是资本充裕的发达国家）的资本为追求更高回报流向资本不足的边缘国家（通常是发展中国家），边缘国家的投资外债增多；债务的大量积累导致债务国偿债负担加重，当经济周期进入低谷时，边缘国家赖以还债的初级产品出口的收入下降导致其逐渐丧失偿债能力，最终引发债务危机。

第四章 金融业开放概述

第一节 金融业开放的基本内涵

按照加入世界贸易组织的承诺，2006年底我国金融业全面开放，外国金融机构在我国银行业、保险业和证券业不再受到经营对象、服务地域和业务种类的限制，同时；外资金融机构适用国民待遇原则，监管当局对内外资金融机构在税率、土地、基础设施等方面采取统一政策。同时，随着我国金融业开放水平的进一步提高，我国金融业的市场结构和竞争格局、政府监管水平、国内金融业竞争力发生了很大变化，正确识别金融业开放的积极效应和负面效应，制定适宜的能够协调内外经济均衡的宏观经济政策，防范金融开放导致的金融风险成为当前有关政策制定的核心问题。

一、金融业开放效应分析

（一）在一定条件下开放金融业具有促进资本良性流动和金融稳定的作用

传统上，人们往往将开放金融业与国际资本运动的不稳定性联系在一起，认为自由化导致了频繁的资本流动，破坏了宏观经济和金融体系的稳定。但是实证研究并不支持这一观点，在过去的十多年里，大多数发达国家和发展中国家的金融不稳定的大多数指标都下降了，甚至在这一时期，许多国家实现了金融自由化和开放金融业。例如，除了在 20 世纪 80 年代出现短暂的汇率波动以后，大多数工业化国家的实际有效汇率非常稳定。同样，长期利率和证券市场价格保持了较少波动。在发展中国家，存在开放金融业导致资本流动加剧和国际储备不稳定的担忧。但是按照世界银行的统计，在 20 世纪 80 年代和 90 年代资本流动的波动性不是上升而是下降了，尤其对亚洲国家和非洲国家，同时外汇储备变得比较稳定。只有在拉丁美洲私人资本流动变得不稳定。科诺和薛克尼特通过对 27 个市场经济国家的面板数据的分析，认为开放金融业减轻了流向发展中国家的国际资本的波动性，因此促进了金融稳定。

开放金融业具有增进全球福利、改善资源配置效率、提高资本边际收益率的积极作用。开放金融业并不必然导致金融危机，但是在不稳定的宏观经济和不健全的监管体系条件下，金融服务自由化会暴露金融体系固有的漏洞，加剧已经出现的金融风险。虽然金融部门暴露的问题的根本原因是不健全的宏观经济政策、不足的监管政策和规制体系以及对金融市场的不适当的干预，但是，基于金融业开放带来的自由化能够加剧金融部门困难的程度和增加出现的可能性。

（二）外国金融机构进入导致的竞争效应促进了东道国金融业市场效率的提高

以银行业开放的竞争效应为例：第一，外国银行进入东道国具有促进市场竞争和提高市场效率的积极效应。第二，增加了可获得的金融服务的数量，提高了金融服务的质量，增加了消费者的福利。第三，通过降低或取消金融服务贸易壁垒和其他限制性因素，会带来金融服务价格降低和成本节约的益处。第四，外国银行通过金融风险管理和利率管理的示范效应对东道国国内银行业的利率市场化起到积极促进作用，同时，外资金融机构能够在很大程度上突破东道国利率管制措施，迫使东道国政府取消不适宜的阻碍利率市场化的限制性规章制度，从而加快东道国利率市场化改革步伐。

（三）开放金融业具有较强的技术外溢作用，有助于提高金融体系风险管理能力

国外金融机构的技术溢出和管理能力、经营理念、风险能力等等因素的示范作用，

大大提高了国内金融机构的竞争能力和金融监管水平。首先，外国银行进入会给本国银行业带来新的技术、服务、产品和管理经验等，特别是当外国银行直接参与本国银行的经营活动时，比如合资与合并等，这将对本国银行产生示范效应和学习效应，因此，会促使国内银行迅速适应和参与金融创新活动，虽然这个过程的短期成本较高。这对发展中国家的银行和金融业的发展尤为重要，甚至比竞争效应的意义更为深远。其次，外国银行进入还将通过多种渠道提高本国银行体系的人力资本质量，包括外国银行分支机构的高技术管理者的选派和外国银行机构对当地员工的培训等方式，而上升的人力资源的提供将对本国银行效率提升作出贡献。最后，外国银行的进入通过向同行传输风险管理能力，能够促进东道国整个银行部门的风险管理水平的提高。这表明外国银行进入能让东道国政府的金融监管部门更有效地审慎监管，增强了东道国银行体系的信用程度和运行效率。

（四）促进了监管水平的提高和建立适宜的宏观经济政策

金融业开放促进了市场化的宏观经济政策的形成，减少了宏观政策失误的可能性。金融业开放不但是金融服务业要素流动的全球化，而且是各国金融服务的监管制度制定不断透明化和宏观经济政策工具与调控手段逐渐市场化的过程。在世界贸易组织和服务贸易总协定框架下，由于金融服务承诺对成员国的具体约束，其成员国的国内法律法规和具体经济社会政策将按照预期金融服务开放的时间表的要求进行调整和改革，以使国际交易按照既定的步骤能够顺利进行，因此会使国内法规和制度的改革过程更加透明、公开。在一个可预期的制度环境下，投资者的投资风险将最大程度地得以降低，贸易活动的交易成本将大大降低。以金融服务贸易的市场准入原则和国民待遇原则为例，市场准入对金融服务而言，就是逐步减少外国金融服务提供者进入本国市场的法律规定和制度限制。对国民待遇原则而言，就是逐步减少限制外国金融服务提供者和本国金融服务提供者在同样条件下享有的权利和承担的义务不对称的法规和制度、措施。如果这些公平交易原则能够在成员国之间得以推行和实现，将会使成员国国内政策对经济利益调整以及社会稳定的积极效应大大增加，降低封闭经济条件下由于不合理的政策约束使市场参与者竞争不充分和竞争者之间权利义务不对称造成的社会资源错误配置，从而使经济和社会政策失误的可能性大大降低。

（五）外国金融机构的进入在一定程度上加剧了东道国金融服务的区域结构和产业结构的不平衡

外国银行一般采取跟随其国内客户而在国外开展金融活动的策略，因此，其业务主要集中于有限的高盈利的服务或产品。同时，向东道国某些行业和部门提供金融服务的信息不对称问题也阻碍了外国银行从事类似的金融活动。即使外国银行采取本地化策略，但是其业务也主要集中于个别行业和部门而限制了向其他部门的资金投放。因此，不断提高的外国银行所有权程度有可能会减少东道国某些行业和某些需求者获取信贷资金的渠道和机会。如果外国银行无法提供金融服务的行业和群体是东道国政府产业政策支持和扶植的对象，那么东道国金融服务的产业结构和区域结构的不平衡就会更加严重。

二、当前我国金融业开放的突出矛盾和问题

在我国逐步开放金融市场的过程中，进入我国市场的外国金融机构通过竞争效应提高了市场效率，降低了金融服务价格，促进了利率市场化步伐，增加了可获得的金融服务的数量，提高了金融服务的质量；同时，外国金融机构带来的先进的管理经验、经营理念、风险控制能力等，对国内银行的示范作用发挥技术溢出效应，以及更紧密地与我国经济的融合，促进了经济增长，减缓了经济周期波动，带来了审慎有效的内控制度，从而促进了我国金融稳定。同时，外国金融机构的进入带来了较大规模的国际资本流动，在一定程度上加剧了信贷结构不平衡，使得制定适宜宏观经济政策的难度加大。目前学术界对金融业开放效应的个别评价存在偏差，因此需要对这些不正确的认识加以澄清，从而通过制定适宜的监管政策，更好地发挥金融业开放对我国经济的积极效应，降低其消极影响，最终提高我国国民福利。

(一)外国金融机构进入尤其是银行业的开放不是造成金融体系不稳定和发生货币金融危机的主要原因

蔡学斌对亚洲新兴市场经济国家的金融部门做了深入研究,认为在本质上亚洲金融危机与该地区的银行自由化没有关联,仅与不适当的资本账户自由化和脆弱的银行体系有很大关系。泰国和印度尼西亚在东亚危机前外国银行占国内银行的金融资产和存款的比重很低,但是这两个国家都是遭受危机最严重的国家。相反的例子是新加坡,新加坡是东亚国家中外国金融机构比重最高的国家,但遭受金融危机的程度最轻。因此,只要根据我国金融市场开放的战略步骤,适时地对进入我国市场的外国金融机构施以有效合理的审慎监管,配合积极的对外国金融机构外债管理、资金流动等方面的资本项目管理,便不会对我国金融稳定造成过大的负面影响。

(二)外国金融机构进入不会造成内资金融机构的市场份额严重下滑

从世界上大多数国家开放金融服务市场的经验看,外国金融机构的进入对东道国银行批发业务市场结构影响较大,而对银行零售业务的市场结构影响很小。对后者而言,东道国银行仍占有绝对的优势地位,这是因为零售业务的消费者对金融机构的本地化要求程度较高。以一体化程度最高的区域组织欧盟市场为例,欧盟内部银行服务一体化体现为批发业务一体化程度高,零售业务一体化程度低,零售业务的绝大部分仍由本地银行提供。相对于外资银行,中资银行具有熟悉本土企业的信用背景和经营能力等信息的相对优势。虽然外资银行在资本、管理、人才、技术和业务创新上占有优势,但是,中资银行在网点设置、人民币业务上具有绝对优势,而且在银企关系、社会认同方面也占有较大优势,这是中资银行开拓国内市场的重要保障。

(三)外国金融机构不会危及我国金融安全

金融开放是我国金融改革的趋势,有助于促进我国的金融稳定与金融安全。外国金融机构进入我国金融市场作为我国金融开放的内容之一,不但不会危及我国金融安全,相反还是促进我国银行体系稳定、提高金融监管水平、加强金融风险管理的重要因素。目前有两种认识认为外国金融机构进入会严重影响到我国金融安全:第一,国有银行在股份制改革过程中向外国投资者转让股权造成国有资产流失。第二，外国金融机构大举进入我国造成金融控制权丧失。对于第一种观点，我们认为，外资收购国内银行部分股权与资产流失特别是国有资产流失没有直接关系，资产向国内企业和个人出售也可能造成资产流失，关键是有没有一套衡量和反映企业资产真实价值的定价机制以及建立一个完善的公平进入的资本市场。如果资本市场中有比较完善的对企业（银行）资产进行估价的市场化机制和制度保障，出售国有资产完全可以做到市场化定价，并不会造成资产价值流失，所不同的是资产对外资企业出售还是对内资企业出售的问题而已。因此，很多人以资产流失为由认为中方利益受到侵害而应限制外国投资者进入中国的想法实际是站不住脚的。对于第二种观点，我们认为，外国金融机构进入可能造成以国有银行为主的原有市场垄断者的优势地位削弱和对市场的控制权的丧失，与政府监管的控制权没有关联。在以离岸金融市场为主的国家，外国金融机构资产占比都很高，但同时这些国家和地区的金融市场高度发达，监管体系也最完善。因此认为外国金融机构进入会危及我国金融安全是一种过分悲观的观点。

（四）我国银行市场对外开放程度大于对内开放造成严重的开放格局的失衡状态

长期以来，我国限制民营资本进入商业银行业，例如《中资商业银行行政许可事项实施办法》对股份制商业银行发起人股东中必须包括合格的境外战略投资者作了硬性规定，但对引入国内民营资本作为战略投资者却无明确规定，从以往的实践看，民营资本的实际审批上限为10%，而目前对单个外资银行入股中资银行持股比例有不得超过20%的限制，因此我国银行业的引资存在着严重的准入不平等问题。民营资本的准入不平等严重制约了我国银行服务市场参与主体竞争的公平性，限制了我国银行服务业竞争力的进一步提高。

三、政策取向

（一）国内金融业尤其是银行业尽快实现对内开放，营造外资和内资公平进入的竞争环境

应尽快取消限制民营资本进入银行业的限制措施，制定针对民营资本合理的准入政策，取消民营资本和外国资本进入银行业的准入不平等格局。目前监管当局对民营资本进入银行业已没有资本准入限制，民营资本可以参股甚至控股商业银行，但存在机构准入限制，禁止民营资本参与商业银行的设立。目前机构准入改革的现实选择是在民间资本供应充足、资金需求旺盛但国有银行难以满足需求的经济发达地区，试点民营资本设立符合监管规则的区域性商业银行，为民间资本进入正规金融渠道打通通道。

（二）取消外资超国民待遇，构建中外资金融机构公平竞争的平台

虽然外资银行在我国经营受到一定的限制，但在所得税率以及地方政府引资优惠政策等方面也能享受中资银行不能享有的超国民待遇。这些超国民待遇在一定程度上损害了中资银行的利益，使得原本就在诸多方面与外资银行相比处于劣势的中资银行，更加难以在激烈的市场竞争中开拓更多的市场。

（三）制定合理有效的对外资金融机构的监管政策

我国对外国金融机构的监管宗旨不同于国际通行的以综合管理法为基础的新巴塞尔协议确立的母国监管为主的原则，区别在于我国是以普通公司法原理来对待这两类外资银行（外国金融机构分行和外国金融机构子行）的，将外国金融机构子行作为独立法人处理，承认其总行只承担有限责任，是不符合跨国银行的特殊性质的。同时，我国强调东道国的监管与强调母国监管的国际惯例相冲突，容易受到他国的对等对待，既不利于引进外资，也不利于我国银行在国际上的竞争。我国从国际金融业发展的实际出发，应适用母国监管为主的原则。同时为了防止出现坚持母国为主的监管原

则对我国主权的损害，在立法时应坚持维护国家利益。如完善有关银行为客户保密的规定，可以规定一些材料和信息经审查后才能提供给外资银行的总行等。

（四）完善反垄断法规

对外国金融机构在我国市场中可能造成的市场垄断或者违反公平竞争的现象，应该通过一部完善的反垄断法规进行规制。反垄断法规是各国规制和控制并购交易对市场竞争影响的最重要的法律根据，我国也要尽快完善反垄断法规，建立规制外国金融机构的法律框架。

（五）外国金融机构进入可能会削弱资本管制的有效性，对建立灵活的外汇汇率体制提出了现实要求

在固定汇率制度下，如果进行大规模的全球性套利交易，就会使国内外的利差消失，从而使一国最终无法维持独立的金融政策。在扩大资本流动自由度的同时旨在维持独立的金融政策的话，就必须建立更为灵活的汇率体制。

（六）修改相关金融法规，鼓励国内银行金融创新，提高国内银行综合竞争实力

进入我国市场的外国金融机构大多数是实行混业经营的国际金融机构，而我国国内商业银行由于立法的限制实行分业经营，这对我国国内银行业的经营环境造成了事实上的不平等。可以采取成立现行法律所允许的金融控股集团公司等方式建立在现行法律框架下的金融混业经营模式。同时，鼓励国内证券、保险、银行等金融服务业的业务创新，提高国内金融机构综合竞争能力。

第二节 我国金融业开放的历程与经验

一、我国金融业开放的历程

改革开放以来，我国金融体系经历了1978年到1992年的初步建立阶段、1992年到2001年的市场化改革阶段、2001年到2017年的国际化阶段、2017年至今的现代金融体系构建阶段。回顾我国金融体系的改革发展实践，国有银行厥功至伟。展望未来金融发展之路，资本市场将发挥更加积极广泛的作用。本节第一部分回顾我国以国有银行体系为主导的金融改革与发展实践，第二部分总结主流货币金融理论创新发展过程，第三部分分析了当前宏观经济条件下国有银行体系面临的挑战，第四部分对未来金融业的发展进行了一些思考。

（一）以国有银行体系为主导的金融改革与发展实践

国有银行从其诞生起就肩负着动员储蓄、发展经济的历史使命。由于外部竞争压力大，国家果断实施了赶超战略（比较劣势战略），依托国家部委和国有企业优先发展重工业。在财政资金和储蓄资金来源的选择问题上，国家采取"拨改贷"措施，一方面通过国有银行动员散落民间的资金；另一方面通过国有银行对国有企业运营的财务进行监控。

国有银行体系的最初使命就是吸纳居民储蓄，将资金发放给国家部委和国有企业进行重工业发展。这是当时历史背景下采取赶超战略的最优金融制度安排，也是国家监督控制成本最小化的选择。从期限角度看，重工业是长期有效的项目，轻工业和服务业是短期有效的项目；从金融工具的性质角度看，重工业贷款是公共性贷款，轻工业和服务业贷款是私人性贷款；从产权角度看，从事重工业的企业多为国有企业，从事轻工业和服务业的企业多为民营企业；从施政目标角度看，重工业是实现宏观目标的政策结果，轻工业和服务业是实现微观目标的政策结果。

综上，国有银行体系是动员和吸纳居民储蓄，取长期有效项目的短期薄利（甚至可能还有坏账成本），享公共金融产品的国家补贴，服务于国有企业和重工业的赶超战略，实现我国宏观经济改革、发展、稳定的史无前例的伟大探索和实践。

当前，存款保险制度的出台使过去的情况发生了变化。此前，国家为国有银行提供沉甸甸的"金融合约"——风险承诺，相当于为国有银行注入了强大的国家声誉资本金。张杰提出了国家声誉资本金公式，$E=rD$，此时 r 表示国家声誉，取值为 0 或 1，没有中间地带。这是国有银行体系赖以动员和吸纳居民储蓄的关键点和根本保障。金融合约的订立，为居民储蓄提供了无限的安全承诺，为国有银行的不良贷款买单，为国有企业的重工业尝试提供了金融保障。在双重不良贷款下，商业性不良贷款搭上了国家承诺的便车，国有银行的商业性贷款风险偏好提升，处于"赚钱归自己、赔钱归国家"的"躺着也挣钱"的竞争地位。当下，随着存款保险制度的出台，r 的取值将变得不那么非此即彼，也就意味着国有商业银行的竞争地位将被削弱，国有商业银行面临转型，金融体系需要进行优化调整以适应新的宏观经济环境，促进经济发展。

（二）货币金融理论的创新发展过程

金融体系初步建立阶段产生了传统的货币派生理论，将存款分为原始存款和派生存款，原始存款即商业银行在中央银行的准备金存款和居民存入商业银行的现钞之和，派生存款即经过货币乘数由商业银行体系创造出的存款货币。在 1992 年时，由于现钞购买力强和存款的购买力弱，其转化与区别是具有时代意义的。

1993 年 12 月，国务院发布《关于金融体制改革的决定》，提出把国家专业银行办成真正的国有商业银行，我国金融实践此后陆续取得重要的进展。孙国峰提出了信用货币创造理论，该理论对传统的货币派生理论提出了批判，认为货币创造就是银行贷款行为本身，银行贷款是银行和客户的债权债务交换行为，银行得到了贷款（债权），客户得到了存款资金——信用货币。事实上，孙国峰是根据中国金融改革与发展实践对黄达货币派生理论进行了拓展，是一种基于当时经济金融发展形势对传统货币金融理论的继承性批判。二者理论的差异主要集中于后续资金的产生过程是贷款为先还是存款为先。在黄达的传统货币派生理论诞生之时，国有银行处于专业银行的阶段，也没有得到国家声誉资本的注入。而孙国峰论述的背景是20世纪90年代初期金融体制改革之后，存款的购买力和支付便利性显著提升，国有银行可以通过直接发放贷款创造信用货币，信用货币创造理论也就应运而生了。

随着加入世界贸易组织，我国外汇储备增长迅速。由于强制结售汇制度下外汇储备由央行管理，外汇储备直接创造了基础货币，从而信用货币创造理论经历了新的发展。李斌、伍戈根据我国外汇占款和债券增加的经济现象对信用货币创造理论进行了拓展。回顾我国货币金融理论的发展过程，理论的发展完善必须要不断适应并引领实践发展。

（三）当前宏观经济条件下国有银行体系如何应对挑战

当前宏观经济环境对国有银行提出了三点主要要求：

一是资本端，工业化、城镇化快速发展时期，国家通过风险承诺保证国有银行负债端稳定的情况正在发生变化，存款保险制度的出台将"无限"的风险承诺变成了"有限"保证，国家声誉在银行的资本端体现为一个高限（r取0到1之间的值）。同时由于国家在国际资本市场的参与度快速提升、资本账户开放步伐加快，巴塞尔协议刚性影响下的国有银行拨备需要更加精细化的管理，对资本端通过不良贷款拨备的类财政拨款式支持国有企业发展的战略形成了限制。

二是资产端，工业化、城镇化接近尾声，国家的信贷需求正在发生变化，资产端的信贷需求变化对国有银行的资产管理提出了更高的要求。赶超战略时期的经济发展方式能够提供的边际增长逐渐减少，需要国有银行承担的公共性金融产品和重工业发展边际效果递减，为我国未来经济发展奠定坚实发展基础的历史使命已基本完成。政府影响下的公共性贷款需求具有低风险的特征，易于通过行政干预手段和政府兜底进行风险管理，但是其增量比例和边际效果越来越小。当前经济背景下，私人性贷款需求比重持续提高，然而私人性贷款的安全性对抵押品价值有着较强依赖，例如房地产贷款和股权质押贷款等，当资产价格出现波动时，私人性产品的安全边界将收窄。

三是负债端，居民储蓄意愿发生了变化，日益发展壮大的各种"宝"类产品通过货币市场显著提升了国有银行的资金成本。"无现金社会"概念风靡一时，互联网金融机构蓬勃发展，大数据人工智能等新技术广泛应用，提升了国有银行负债端的集中度和成本。国有银行低成本动员储蓄的时代随着居民部门理财意识的觉醒渐入尾声，对国有银行成本管理和负债预测提出了更高的要求。

从市场在资源配置中起决定性作用的角度来看，2013年11月，习近平总书记在《中共中央关于全面深化改革若干重大问题的决定》中提出"使市场在资源配置中起决定性作用和更好发挥政府作用"的重大理论观点。利率市场化已基本完成，国有银行要转变过去风险处置方法的惯性影响，苦练内功，提升风险管理能力，有效应对市场机制作用下的资本端、资产端、负债端波动，为市场化的存贷款业务、中间业务制定合理价格，支持风险匹配度适宜的融资项目。

从技术进步和产业升级的角度来看，随着我国GDP总额达到世界第二位，可战略追赶和学习的方面逐步减少，国外可供系统性学习的技术范围收窄，一些关键性技术受到保护和封锁，这要求我国从进口型技术进步向自主创新型技术进步过渡。然而银行融资都受制于其债务型融资的本质，银行的风险管理模式难以匹配高风险、高收益的创新领域。此前固然可以通过国有银行体系进行融资和"金融合约"的国家承诺进行追赶式融资，但由于国际参与度的限制，这种模式对后续技术进步的支持力度十分有限。国有银行有规模庞大的天然优势，能够通过大数定律将单一项目的高风险转化为多个项目的中低风险，如何打通债务型融资和权益型融资的隔阂，共同获得技术创新的红利是国有银行未来必须要解决的课题。

从居民资产选择行为角度来看，居民对储蓄存款的偏好发生变化，国有银行的金融剩余缩小，对国有银行造成了进一步的挑战。国有银行需要有效应对各种"宝"类产品的挑战，减小非存款类金融机构和各类基金对其流动性风险的系统性迁移。1986年～1995年间，美国发生的储贷机构危机能够为国有银行提供宝贵的经验。在该危机期间，因货币市场基金的存款吸纳能力和居民储蓄率下降，约1 000家储贷机构倒闭，占储贷机构总数的1/3。美国的储贷机构自救的主要方法是，同时为其储户开立储蓄账户和货币市场基金账户，两者可交换转存。由于美国的货币市场基金属于直接融资，缺乏实物交易体系支持，流动性较弱，储户十分乐于接受这样的制度安排。储贷机构的流动性就此稳住，与货币市场基金达到了相对稳定的均衡状态。我国国有银行应当吸收美国储贷机构的经验教训，重视居民储蓄率的下降趋势，充分发挥其全牌照优势，动员居民在货币市场基金中的资金，保障自身流动性稳定和负债端规模。

（四）未来金融业的发展的一些思考

1.资本市场的发展特性是我国当前社会主要矛盾所决定的

习近平总书记在党的十九大报告中明确指出："中国特色社会主义进入新时代，我国社会主要矛盾已经转化为人民日益增长的美好生活需要和不平衡不充分的发展之间的矛盾。"对照金融领域，以往国有银行创造信用和信用货币为主导的间接金融体系与通过资本市场链接信用需求方和供给方的直接金融体系的发展之间是不平衡和不充分的。

我们应当注意到，资本的最基本功能是维护市场中的信用关系。当资本存在分配不平衡、竞争不充分之时，就可能会产生金融风险的传染。在美国金融危机时期，由于资本过度集中于住房抵押贷款和相关衍生品领域，积累了大量的债务风险，产生了对全球市场信用关系和全球经济发展的负面影响。这场金融危机对美国乃至全世界造成系统性风险波动，其作用起点是微观主体的债权债务信用关系的破坏和传染。究其本质，是直接融资市场（股市、债市）和间接融资市场（银行体系）未能达到均衡发展，也是我国当前防范和化解系统性金融风险需要镜鉴之处。

决定直接融资和间接融资市场均衡关系的另一重点是要与我国经济发展阶段相适应。我国在工业化、城镇化快速发展时期，金融服务的对象主要是工业企业融资需求和城镇居民住房需求，因此间接融资市场发展较快。在新时代，我国已处于工业化、城镇化边际增量较低时期，科创企业快速发展、资金需求较大，居民财富管理意识强劲。而科创企业的高风险、高收益性与银行贷款的中低风险匹配度较低，居民需要的不再仅仅是固定收益的、债权债务形式的金融资产（银行存款、理财等），而是包括对纳入变动收益类产品在内的组合金融资产的需求。科创企业的快速发展和居民财富管理需求的对接将改变当前间接融资市场占绝对主导的金融现状，直接融资市场比例未来将有显著提升。

2.中美贸易不确定性促使我国金融业结构调整

在中美贸易存在较大不确定性的背景下，全球金融不确定性快速提升，我国金融业面临外部冲击对系统性金融风险和整体金融功能结构的更加快速和广泛的影响。

金融业开放程度的提升是中美贸易不确定性背景下的历史趋势，将带来两方面的影响：一是我国银行业的竞争力与国外银行业的竞争力存在一定差距。我国银行业与国外尤其是美国银行业相比存款准备金率普遍较高，等量基础货币派生存款货币等准货币较少，因此我国银行业的主要竞争力体现在负债端的存款营销，而美国银行业的主要竞争力则体现在资产端的风险管理。随着我国银行业的开放、利率市场化程度进一步加深，货币总量调控方式将逐步弱化，存款营销与风险管理的天平将向风险管理和精细化资产配置倾斜。二是我国金融监管面临更加市场化的挑战。我国中小企业融资难、融资贵问题由来已久，在中美贸易不确定性背景下，出口降低和波动提升对我国经济金融发展提出了挑战。我国采取的对中小企业无还本续贷、对金融机构加强行政激励等政策措施具有较强的短期效果，能够显著提升对承压时期出口企业的金融支持。但是，还应当看到的是此类政策措施易促使中小企业和金融机构产生较大的逆向选择和道德风险，长期来看有可能对中小企业形成筛滤，改变我国中小企业的风险状态分布，可能不利于我国银行业风险管理等核心竞争力的提升。

银行融资属于间接融资，需要依赖银行作为第三方控制风险；资本市场属于直接融资，投资者直接控制风险。过去总量式调控占主导的货币环境中形成了银行风险控制能力较弱、风险承担能力较强的局面。而资本市场则不同，其能够较好地匹配风险和收益，价格信息反映较及时，成熟的个人和机构投资者积累了较多的风险管理经验。在中美贸易不确定性背景下，价格式金融体系将逐渐占据主导，资本市场有其内在优势。

3.金融与实体经济关系的再认识

实体经济对应的是国家总体资产负债表的资产端，金融对应的是国家总体资产负债表的负债和权益端。金融支持实体经济的问题在这个框架下是资产负债表总体结构和资产增量的平衡问题。在20世纪80年代末和90年代初的抢购潮过程中，国家总体资产负债表中金融和实体经济的关系是失衡的,金融在负债端主要是现金(流动性较高)和存款(流动性较低的)形式,对有限的资产增量(生产能力和产品)形成要求权,要求权相较于资产增量高,于是出现了"笼中虎"的问题。彼时,国有银行体系承担了将现金要求权转化为流动性较低的存款要求权的重任,通过给予居民较高的存款利息平衡了金融和实体经济的关系。在 21 世纪初,我国加入世界贸易组织后外汇储备增长迅速,在强制结售汇制度下,人民银行在国家总体资产负债表上被动投放大量流动性,幸而外需消化了部分生产能力,城镇化锁定了部分流动性,但金融和实体经济之间仍然存在要求权大于资产增量的失衡风险。在这个背景下,人民银行通过提高存款准备金率、发行央票等措施回收流动性进行对冲,稳定了宏观经济。

当前,金融和实体经济的关系与以往的要求权大于资产增量的情形不同,转化为要求权小于资产增量的失衡风险。这一情况与金融危机时期相似,金融危机时期由于外需减少,对我国生产能力的消化功能减弱,表现为金融要求权相比资产增量较小的情形。但是也存在一些不同,当前时期的主要特点是金融要求权的增速放缓制约了国家总体资产负债表的扩张和资产增量。从这个角度上讲,扩张金融的要求权,降低金融对实体经济的制约应当成为短期的首要措施。

二、我国金融业开放的经验

(一)近代金融业开放对我国近代社会的多重影响

我国近代金融业开放的影响是多方面的,对此,我们应本着实事求是的态度,从多角度、多层面,进行科学、辩证的分析。

1.我国近代金融业开放影响了我国近代政治进程和政局

首先是对我国政治近代化进程的影响。西方列强在金融领域的介入严重阻碍了我国政治近代化的进程。外国资本主义的入侵严重破坏了我国的领土和主权的完整。一个失去领土完整和独立自主的国家是很难实现政治近代化的。外国资本势力通过借款等方式极力扶植我国的反动落后势力,阻碍我国政治进步,如清朝政府向外国洋行借款镇压小刀会起义、广东人民反抗英法侵略军的斗争，扑灭太平天国农民起义，支撑了清政府的苟延残喘。从鸦片战争到甲午战争，已查明的对外借款达44笔，总额4630万两，其中有90%是借自外资银行。连美国方面都承认："在我们看来，借款的条件近乎损害中国本身的行政独立……借款条件不仅包括以特种捐税作为抵押，而且包括由外国人来管理这些捐税的行政。"

其次，中国近代金融业开放从资金方面影响到了中国政局。政局是影响决策的各种政治势力的关系构成的政治格局，尤其是指统治阶级内部的权力结构及其演变态势。中国近代金融业开放的一个直接结果是中国的利益集团可以直接从外资金融势力手中借到用以发展壮大自身实力的资金，外国金融资本因此影响到了中国的政局变化。

2.我国近代金融业开放对我国经济的影响具有多重性

我国近代金融业开放促进了现代金融制度在我国的建立与演进，推动了中外金融的交流。近代国人对西方金融机构的学习主要表现在效法西方建立银行制度上。清代效法西方开银行的主张使我国第一家银行因此成立，北洋政府时期，西方各国银行体制被详细地介绍到我国，我国新式银行纷纷设立，社会各界开始探讨我国的银行体制建设问题，提出了一系列构想。北洋政府建立后，为了推动我国银行业的发展和银行体系的建立，模仿日本的银行法规颁布了一系列银行条例，颁布了发展普通商业银行的准则。国民政府时期受全球统制经济思潮和银行国有化思想的影响，兴起了主张银行国有化思潮。主张政府加强对银行的管制，建立国有化银行制度的思想对国民政府时期银行制度的建设产生了深刻的影响，一定程度上促进了国民党建立垄断银行体制。

在这个过程中，我国的金融体系从此不再关起门来发展，而是渐渐融入了世界金融体系中，越来越多地受到世界金融市场的影响。尽管列强操纵使中国金融业及金融市场畸形发展，但是中外金融交流的日益密切，对我国的金融思想、金融制度的转化与质变起到了促进作用。外国金融势力进入我国，并很快成为我国近代金融业和金融市场的垄断力量，原有的封建金融机构逐步改造或被淘汰，中国人自己兴办的新式银行出现。国内资本主义经济的发展和银行业的兴起，为我国近代金融市场的形成和发展创造了条件,这些都客观上促进了我国近代金融市场的形成。

虽然近代金融业开放的内因是经济发展推动使然,但金融业的开放,也使西方资本主义势力进入了我国金融领域,其目的是赚取超额利润,控制我国经济,对我国经济、金融的不利影响是多方面的。首先,开放的金融体系加剧了金融风险。金融体系不健全导致金融业开放后的金融混乱。近代金融业开放就意味着改变了我国金融体系的运行,融入世界金融体系之中。但中国人当时对世界金融形势还不够了解,而政府对金融开放风险认识不足,金融监管缺失,对民族金融业又保护不足,导致传统金融机构风雨飘摇。其次,金融业开放后的国际金融风险传导。金融业开放后,我国的金融市场越来越多地受到了来自国际金融市场的影响与冲击,即我国金融业开放本身打通了国际金融风险的传导渠道。此外,外国银行加剧了货币发行混乱。清政府后期,外国银行进入我国,并在一些时间内在部分地区拥有了货币发行权,这在一定程度上改变了我国中央政府对货币发行的集中权力。腐朽的清王朝自顾不暇,而且惧怕外资金融势力背后的帝国主义政府,导致部分金融监管处于真空。

外国金融势力操纵金融行市,扰乱货币运行。外国金融势力操纵国内外汇率及我国金融市场的头寸与利率,利用政治特权参与对我国各级政府的贷款,对我国的货币金融运行拥有很大的影响力。如外资银行曾操纵我国近代外汇行市数十年,给我国带来巨大损失。杨荫浦在《上海金融组织概要》中说:"照陈光甫先生《上关税会议意见书》,统计自民国十年至民国十四年五年间,吾国受汇丰银行结算上之损失,达一百八十九万余两之巨,此仅就汇丰经理各债而言,余债尚未列入也。"

(二)金融危机背景下近代金融业开放的历史启示

我国近代金融业开放对近代中国经济政治的影响既有积极的,也有消极方面的,但总体来讲,由于金融业开放符合历史发展的要求,因而金融业的开放是客观必然。以史为鉴,在我国加快融入世界经济舞台之际,近代中国金融业开放历程对当前金融业开放具有历史的启示意义。

1.金融业开放首先要维护金融主权与金融安全

从当代经济学主流来看,国家干预的必要性已经是不争的事实,尤其是美国次贷危机发生后，经济自由主义思潮再一次受到批评，美国金融监管部门的疏于监管正是造成次信贷危机的一个很重要的原因。回顾我国近代的金融业开放，可以看到，政府实力越弱小，金融业开放的自主权就越小，外国势力对我国金融业的控制就越强。晚清政府和北洋政府时期，我国金融业几乎被外资金融势力所把持，而国民政府时期加强对金融业的控制，陆续收回了外资金融资本的一些特权，并完善了本国的金融体系，外来金融势力反客为主的情况就大为改观。而中华人民共和国成立以来，我国政府的主权执行力显然远远优于近代任何一个政府，应该说，我国改革开放的成功主要归因于改革的渐进式途径和强政府作用。因此，从我国的国情来看，强政府是金融业开放的保证，现代金融业开放的步骤显然需要由政府来引导，应当加强政府对金融业开放的推动作用。但并不是说所有的事情都由政府包办，而是微观层面发挥市场对金融资源的配置功能，引导资源向高效益领域流动，宏观层面则需要提高政府金融宏观调控的能力，而发挥市场配置资源的功能必须要以国家有效的金融宏观调控为前提。

2.在金融开放与金融安全间寻求平衡，防范金融风险的国际传导

中国近代金融业开放的一个惨痛教训，就是在金融业开放的过程中，忽略了金融安全，致使金融风潮不断，本土金融机构屡遭打击，在发展过程中举步维艰。金融开放的同时也伴随着一定的金融安全隐患。中国金融业开放过程中需要两种战略：一方面要有开放战略，另一方面也要有安全战略，需要在这两种战略之间寻求平衡。在经济全球化、金融国际化的今天，每天都有大量的资本在跨国界流动，国内、国际市场的联系更加紧密，互相之间的影响也越来越大。因此，开放的金融市场将面临更多来自外部的冲击和影响，如果不能建立起有效的金融风险防范机制，必将影响一国的金融稳定，形成隐患。因此，建筑起国际金融风险传导的防火墙很有必要，在条件没有成熟的情况下，贸然加快金融市场的开放步伐，是不慎重的做法。

3.金融业开放要避免金融自由化

通过政府引导金融市场走向，以向金融机构传递政策意图的方式来影响金融市场态势，一直是我国金融业发展的历史传统。金融自由化理论主张针对金融抑制，减少政府干预。但从我国的国情来看，金融自由化不适合我国的国情，在金融开放中应当避免金融自由化倾向。金融自由化的概念和理论虽然产生较晚，但这种现象的发生却

早于理论的产生。实际上，我国近代就有过金融自由化的现象。金融自由化是近代中国金融风潮不断的一个重要原因。比如，在近代金融业开放中，对外来金融机构的市场准入限制很少，最初外资银行进入我国时甚至完全没有任何批准，连发行钞票都自行决定；股票市场上外国企业融资也很容易；很多金融机构都在混业经营，进行大量投机活动却没有足够的监管。如果仅仅从金融自由的角度来看，在很长的时间里，近代中国金融业的自由度确实很大，不论是对利率、汇率、市场准入，还是对金融机构的混业经营，监管与限制都比现在少得多。但恰恰是这样的"自由"导致近代金融风潮不断，市场投机严重，对金融市场伤害也很大。

另一方面，金融自由化也不适合当代中国金融体系的现实情况。金融自由化理论由美国学者提出，并以西方资本主义经济、经济体系为蓝本，以金融市场的西方化和金融机构的私有化为目标。而我国的所有制主体是国有制，在金融领域，体现在多家大型的国有控股金融机构对中国金融业的控制力上。事实证明，国有股份的稳定性是我国金融体系稳定的保障，全盘西化的金融开放目标并不适合我国的基本经济制度。尤其是当前我国金融体系尚不健全的情况下，盲目的自由化会给我国金融体系带来很大的系统性风险。

第三节 金融业对外开放的成就和现状

一、金融业对外开放的成就

作为全球服务贸易的重要组成部分，中国金融业对外开放及未来监管走向受到高度关注。9月6日，以"新金融、新开放、新发展"为主题的2020中国国际金融年度论坛在亚洲金融大厦举办，此次论坛也是2020年中国国际服务贸易交易会的主要论坛。

论坛上,银保监会副主席周亮、央行副行长陈雨露、证监会副主席方星海、国家外汇管理局副局长郑薇等嘉宾出席,共话新形势下,金融机构如何把握金融发展新机遇,更好服务实体经济,并针对如何进一步扩大金融开放,提升全球竞争能力给出解答。

(一)金融业准入的负面清单已经清零

央行副行长陈雨露在论坛上表示,在服务好国内经济的同时,中国金融服务业也不断地追求更高水平的对外开放,并积极参与全球经济金融治理,努力承担必要的国际金融责任。中国取消了对银行证券期货和基金管理等领域的外资持股比例限制,大幅放宽了业务范围,降低了资产规模、经营年限等股东资质方面的限制,同时在企业征信、信用评级、支付清算等领域给予外资国民待遇,积极推动会计税收和交易制度的国际接轨,在外商投资准入特别管理措施负面清单之中,金融业准入的负面清单已经清零,目前上述措施已经初见成效,更多的外资和外资机构正在有序进入我国金融市场,呈现出百花齐放的状态。他说,党中央提出要构建国内国际双循环相互促进的新发展格局,这对金融高质量发展提出了更高的要求。金融业要服务好新发展格局,就是要继续贯彻落实好新发展理念,加强宏观政策协调,完善与建设现代中央银行制度相适应的货币政策框架和基础货币投放机制,探索构建矩阵式管理的宏观审慎政策框架,逐步扩大宏观审慎政策的覆盖范围,坚定不移地推动金融供给侧结构性改革,健全具有高度适应性、竞争力、普惠性的现代金融体系,建设更高水平的开放型金融新体制,推动金融业迈向以准入前国民待遇加负面清单为基础的制度性系统性开放,为双循环新发展格局的重点领域和重点环节提供高水平的金融支持。

"人民银行正在积极地构建监管科技应用框架,健全监管的基本规则体系,努力为金融科技的发展营造更好的环境,推动金融服务业的现代化变革,在服务世界级新工业革命的进程中推动我国向金融强国迈进。"陈雨露说。

"我们会继续夯实我们在中国外资银行的领先地位,同时加大对华的集团在财富管理和资产管理方面的投入,我相信未来我们在中国的发展前景是向好的。"瑞银证券董事长钱于军表示。金融是服务业的重要组成部分，随着我国金融领域对外开放政策不断落地，更多外资和外资金融机构正在有序进入我国金融市场。摩根士丹利中国首席运营官侯杰明表示："外商现在能达到100%的持股，我们在这方面感到非常欣喜，我们也非常高兴看到中国市场中推行的一系列改革，其中包括科创板的发展、股票发行注册制等等，我觉得这为中国的资本市场奠定了持续增长和完善的坚实基础，越来越多的海外客户都希望加大对华投资。"

银保监会副主席周亮在论坛上表示，金融是实体经济的血脉，在畅通国民经济循环中发挥着至关重要的作用。从生产、消费、投资、进出口等各项指标来看，我国的整体经济复苏态势明显。周亮指出，推动银行业、保险业更高水平对外开放，不仅是说，更重要的是实实在在在地做。2018年以来银保监会宣布实施了多项银行保险业的扩大开放的措施。目前相关的法律法规修订已经基本完成。近几年来，银保监会共批准外资银行和外资保险公司来华设立各类机构近一百家。

据悉，北京已率先实现全领域的金融开放，2018年以来已有40余家外资金融机构落地北京或者扩大在北京的投资，涵盖保险、证券、金融科技、资产管理、金融科技、支付结算、征信评级等各个领域，并形成了门类最全、领域最宽、体系最完整的金融业开放高地。北京日益成为外资金融机构进入中国的首选地。据介绍，北京作为金融服务业的国际重镇，集中了国家金融政策的决策和监管部门，聚集了大量的金融机构总部和丰富的金融管理中高级人才，吸引了银行、证券、保险业金融机构以及各类金融基础设施共计800多家，其中外资金融机构有200多家。

（二）人民币汇率弹性不断增强

近年来国际服务贸易快速发展，对我国国际收支经常账户的影响日益显著，亦成为促进我国经济高质量发展的重要推动力。针对外汇领域的改革开放，国家外汇管理局副局长郑薇在论坛上表示，面对当前风险挑战明显上升的复杂局面，外汇管理部门持续深化改革开放，不断完善管理框架，稳步扩大金融市场双向开放和互联互通，稳妥有序推动资本项目可兑换，持续优化外汇领域营商环境，保障合法资金进得来、出得去，金融和外汇服务直达实体经济，便利普惠小微企业，金融支持作用日益凸显。

同时较好地维护了良性的市场秩序，稳定了市场预期，国际收支保持基本平衡。一是经常账户总体呈现顺差，继续处于合理均衡区间，国际收支平衡表的初步数据显示，2020年上半年我国经常账户顺差是859亿美元。二是外汇储备规模稳中有升，上半年我国外汇储备规模为3.1万亿美元，较年初增长了44亿美元，同时人民币汇率弹性不断增强并保持韧性，发挥了调节国际收支的自动稳定器作用。

郑薇指出，当前全球政治经济的不确定因素依然很多，国际金融市场的波动也在加剧，但是我国经济稳中向好和长期向好的基本趋势没有改变，外汇领域的改革开放也将坚定不移、持续推进。外汇管理部门将持续以供给侧结构性改革为主线，提高服务实体经济的能力，提升跨境贸易投资自由化、便利化的水平。

据了解，央行也在积极参与国际金融治理，推动人民币成为更好的国际储备货币。2016年人民币正式加入国际货币基金组织特别提款权货币篮子，成为全球主要储备货币。目前人民币已是全球第四大支付货币和官方外汇储备货币，全球多家央行已将人民币纳入官方储备。同时，人民币金融资产的国际吸引力也越来越强。

（三）建立国际资本市场是大方向

推动全领域金融对外开放中，新形势下如何加快推进资本市场的对外开放尤为令人关注。

证监会副主席方星海在论坛上表示，对外开放有力促进了资本市场运行质量的提升，价值投资理念更加巩固。后续，将持续完善对外开放产品体系，进一步扩大沪深股通的投资范围和标的，拓宽交易型开放式指数基金互联互通，便利境外机构配置股票以及人民币债券资产，持续加大商品期货市场开放力度，扩大特定品种范围。及时创造条件为境外机构投资者投资我国股票和债券市场提供良好的风险管理工具。同时，继续推进资本市场制度性对外开放。持续完善和深化境内外市场互联互通机制，提升国际资金的投资便利性，增强国际投资者对中国资本市场的投资意愿和信心，进一步畅通国际国内两个市场要素资源自由有序流动，形成优势互补的循环局面。

法国巴黎银行（中国）有限公司董事总经理、首席经济学家陈兴动在论坛上表示，中国资本市场现在的发展受到了全世界前所未有的关注。据他观察，国际投资机构和金融中介不顾中美之间的冲突，特别是美国对中国的打压，积极布局中国资本市场的发展。"中国证监管理当局采取一系列管理措施，包括推出最核心的科创板的IPO注册制和创业板的IPO注册制，这是相当大的激励。上市公司的披露信息、退市制度、分红制度、集体诉讼制度等方面的动作，显示出中国开始向建立一个国际资本市场的方向迈进。"陈兴动说。他表示，国际投资者现在对于中国资本市场的改革、中国金融业的开放充满了信心，特别乐观。不过，陈兴动同时表示，中国资本市场还有巨大的空间可以发展，需要做更大力度的改革。对于中国资本市场还需要进行哪些改革，陈兴动表示，首先，金融领域专业人才的可获得性是中国资本市场面对的一个重大挑战。"优秀、有经验而且有丰富的职业操守的金融人才很缺乏，这是不争的事实。引进国际金融人才不仅是必需的而且是可能的，许多国际人才都愿意到中国来工作和生活。如果说未来中国的资本市场、金融市场的发展是国际化的话，我们一定要有更广泛、更包容的态度欢迎这些国际人才到中国资本市场来发展、工作。"陈兴动说。陈兴动给出的第二条建议是要布局软性的金融基础设施建设。他说，软性的金融基础设施包括证券公司、独立的咨询研究机构、财务公司、评估公司、律师、银行、信托等。这些机构的工作专业水平、职业操守关系到上市公司的质量、财务报表的真实性、投资争议的解决、投资安全和投资撤出等。他给出的第三条建议是信息能够自由流通和获得。"资本市场对任何事情变化的反应都是极其敏感的，在信息化社会，全球的同步性极其重要。在资本市场我们经常会听到很多谣言，资本市场很多谣言是待证实的事实。在资本市场有一句名言，市场各种谣言传起的时候，你可能会去购买，当事实被证实的时候你可能就把它卖掉了。信息的充分交流流通是极其关键的。"陈兴动说。此外，他认为，在税收执法上，对于外资企业应保持制度的一致性、高度的透明度，从而比较妥善地解决一些纠纷问题。

"过去两年中国对外开放尤其金融开放呈现出加速度的发展，未来中国资本市场进一步开放，相信很多外资会摩拳擦掌。"瑞银证券董事长钱于军在论坛上说。他表示，中国在开放金融市场尤其资本市场方面作出了各种努力。展望未来，外资对中国资本市场抱有更大的期待。"从外资的角度说，这个期待包括更加宽松的监管环境，希望多一点好的市场文化——文化可以培养投资者群体的理性、纪律性，还可以确保上市公司的水平和质量。如果上市公司不做假账,上市公司的水平得以提高,所有资本市场的主体才能共赢,共同创造中国资本市场的美好未来。"

二、金融业对外开放的现状

中国由一个外汇短缺大国转变为全球最大的外汇储备大国,告别了外汇短缺的年代,这是中国对外金融开放40多年具有划时代意义的变化。与这一变化相联系,中国还实现了两个重要的转变:从资本短缺大国转变为全球最大的资本净输出国,从对外债务大国转变为全球最重要的对外债权国。所有这些都充分表明,中国的对外金融环境已经发生重要变化,这对于中国进一步扩大对外开放奠定了坚实的基础。

然而,巨额的双顺差以及外汇储备也对中国经济发展产生了一系列不可忽视的负面效应,中国对外金融开放面临着诸多极为严峻的挑战,主要表现为以下四大风险。

(一)国际收支失衡的风险

中国国际收支持续长达10多年的不合理的双顺差格局,在今后一段时间内还会继续存在,难以在较短的时间内得到纠正,这已经成为人们的共识。但由于国内外经济环境不确定性因素较多,增加了国际收支形势的复杂性,而且这种国际收支失衡的格局具有不可持续性,从中长期来看蕴藏着巨大的风险,对此决不可掉以轻心。

中国国际收支失衡格局的不可持续性主要表现在以下四个方面:

1.加剧经济金融风险

中国国际收支巨额的双顺差使中国经济金融面临的风险日益加剧。毋庸置疑,中央银行不能完全依赖货币政策手段来对冲持续高速增长的外汇储备和流动性过剩;而曾经寄予厚望通过建立中国投资公司,利用其对外投资来解决双顺差问题的可能性也在降低,且不说该公司尚在探索有效而明晰的运作模式和组织构架,其运作资金数额相对于双顺差来说简直就是杯水车薪。历史的经验值得借鉴,日本在泡沫经济时期面临的困境,其国际收支严重失衡累积的风险具有决定性的影响。中国当前国际收支状况与日本当时相似,如果这种状况不改变,多年来中国经济发展的成就将可能由于累积风险的爆发而毁于一旦。需要强调的是，在中国经济内外失衡和汇率形成机制非市场化的相互作用下，国际收支失衡、外汇储备增加、人民币汇率升值、流动性过剩等问题交织在一起并形成恶性循环。显而易见，当前中国这种内外失衡的经济高增长模式，实际上也是一条高风险的增长模式。当风险累积到一定程度时，危机必然爆发。

2.丧失货币政策主导权

中国国际收支双顺差的失衡格局，导致中国在相当程度上丧失了货币政策操作的主导权。其一，外汇占款早已成为中国基础货币发行的主渠道，货币供给增速超出货币管理当局预想。货币管理当局为应对过多的外汇储备和流动性过剩而疲于奔命，对于宏观经济稳定或无暇顾及，或无法出台有效的政策组合。其二，巨额双顺差和外汇储备加大了人民币汇率升值压力，使货币管理当局在相当程度上陷入减轻人民币升值压力与抑制货币供给增长难以兼顾的两难境地：要减轻外汇占款造成的过多基础货币发行对国内货币市场的影响，央行必须加大回笼现金力度，或提高利率，但这些操作将加大人民币升值压力；如果为了减轻人民币升值压力而增加货币供给，或降低利率，本来就已极为宽松的货币市场将因此雪上加霜，过度宽松的货币供给又将刺激国内资产市场泡沫膨胀。宏观经济政策陷入了两难境地。

3.恶化国际经贸关系

中国国际收支持续增长的双顺差，特别是贸易顺差的急剧增加引发国际贸易摩擦，中国已经连续十几年成为全球遭受反倾销调查数量最多的国家。中国的出口已经成为许多国家攻击的目标，中国面临的国际贸易摩擦已进入高发期，中国对外贸易环境趋于紧张。

4.导致巨大福利损失

中国国际收支双顺差的失衡格局，与国内个别制度缺陷、宏观经济失衡、价格扭曲密切相关，由此双顺差已经并且正在给中国造成巨大的福利损失。持续的双顺差和外汇储备的不断积累显然不符合中国的长期利益，对一个发展中国家而言，保持经常项目盈余则意味着穷国通过输出资本为富国的消费和投资提供了融资。

（二）超常外汇储备的风险

中国的超常高额外汇储备需要支付巨额成本，承担巨大风险。

1.损害经济增长的潜力

外汇储备大幅增加意味着中国物质资源的净输出，这种状况并不利于中国经济增长，如果长时期处于这种状况，将损害经济增长的潜力。由于外汇储备过于庞大，当然不可避免地会降低资源使用效率，损害经济增长的潜力。

2.导致经济结构失衡

外汇储备政策的不当，已使一些发展中国家陷入了一种恶性循环：外汇储备越多，也就越担心美元贬值和本币升值，担心对出口不利，因此又会更多地增加美元储备，购买美国的债券。正是由于陷入了这种恶性循环，发展中国家之间激烈的出口竞争也在不断加剧。各国都希望得到更多的出口盈余，而美国和欧洲市场容量有限，其结果是产品价格继续下降，美国越来越难以减少贸易逆差和经营项目的赤字。中国和一些亚洲国家的状况就是如此，由于外汇储备在不断增加，对出口的依赖越来越重，将导致经济结构失衡、经济发展失去持久力。

3.支付高额的成本

其一，根据经济学的边际理论，持有外汇储备越多，其持有的边际成本上升，边际收益递减，当边际成本超过边际收益时，经济上就得不偿失。其二，蒙受巨大的利息损失。中国外汇储备中绝大部分是美元资产，特别是大量购买了美国国债。中国外汇储备的增长是与人民币国债的增长同时进行的，这相当于一个资本由中国流向美国的过程：政府以发行国债的形式在中国国内筹资；将人民币形式的资金以贸易或金融兑换方式转换为外汇储备（特别是美元）；以外汇储备购买美国国债。但是，把外汇储备投向流动性高的"安全资产"美国国债，获得的收益率却微不足道。

4.影响金融调控能力

外汇储备增加以增加中央银行外汇占款形式的基础货币投放为代价，近年来外汇占款形式的基础货币投放已经成为中央银行货币投放的主要渠道。基础货币投放速度加快，将影响和制约中央银行的金融调控能力：其一，导致货币供应量增长过快，将对宏观经济金融运行产生不利影响，造成通货膨胀压力的上升；其二，外汇占款的大幅增加使货币政策目标受到严重干扰，而且也将逐步削弱中央银行进行冲销干预货币市场的能力，使中央银行调控货币政策的空间越来越小。

5. 加大人民币汇率升值压力

中国外汇储备的快速增长以及高额的外汇储备规模，意味着国内的外汇供大于求，形成人民币汇率升值预期；而人民币汇率升值预期的不断增加又刺激短期资本流入，套利资本千方百计流入境内结汇成人民币，从而进一步加剧国内外汇供求失衡的压力。这样，就形成了一个恶性循环：外汇储备快速大幅增加—加剧人民币汇率升值的压力—投机资本大量流入国内—外汇储备进一步增加。

6. 高额外汇储备的风险与日俱增

其一，承担一定的政治风险。中国拥有庞大的外汇储备，持有高额美国债券不可避免要承担一定的政治风险，美国的反华势力就是在这样的背景下，不断攻击、污蔑中国在安全和经济上对美国构成了威胁。近年来，西方国家"中国威胁论"的言论甚嚣尘上，声称中国同日本一样，已拥有影响美国债券市场的金融力量，如果中国在短期内大量抛售美国国债，将造成美国金融市场的大混乱。其二，币值变动对外汇储备的风险。币值变动，或是外币贬值、或是本币升值，如同一枚硬币的正反两面，都会对外汇储备造成损失。美元贬值或人民币升值都会对外汇储备造成损失和风险。

（三）人民币升值及逆转风险

人民币升值及其升值的预期吸引着国际投机资本，成为导致热钱大量流入中国的一个重要原因。汇率改革以来，人民币升值的状况已充分表明：人民币升值与热钱流入是正相关关系，即人民币升值越快，人们对人民币继续升值的预期就越高，热钱流入的规模就越大、速度就越快。热钱源源不断地流入，实际上是增加了货币供给而助推通货膨胀，使宏观调控很难实现预期目标。人民币升值似乎进入了这样的一个怪圈：持续的国际收支顺差，增加人民币升值预期，国际资本大量涌入，加大货币发行量，从而通货膨胀压力加大，迫使人民币继续升值，如此循环往复。需要特别警惕的是，在巨额热钱的推波助澜下，人民币汇率可能出现过度升值（即超调），导致灾难性的后果。

一旦美元由弱转强、人民币升值预期到顶，将可能引发国际资本流动格局逆转，国际游资迅速套现而大规模流出，将给中国经济带来巨大的风险。

（四）国际游资冲击的风险

国际游资大规模地频繁流动是在经济金融全球化背景下产生和发展的，其存在具有客观必然性。国际游资极大地增加了国际金融市场的流动性，促进了市场运作效率的提高。国际游资在国际金融市场上对高额利润的追逐，使一国经济金融与国际经济金融的相关性增强，推动了经济金融全球化的进程。

然而，国际游资的大进大出对一国宏观经济的危害是巨大的。近年来，国际游资不断涌向中国的原因就在于中国对热钱具有两大吸引力，即低风险和高回报，突出表现为中国经济增长的长期性、利率水平高于美国、人民币升值的预期。正如斯蒂格利茨教授所分析的：资金会流向更安全的地方，而现在大家觉得美国经济和金融存在比较高的风险。现在投资者持有美元资产，即使可以获得一定的回报，但由于美元贬值，这种回报也会被汇率贬值所侵蚀。这时候投资者开始寻找一些回报更高的资产，而正在升值的人民币无疑就是一种选择，所以出现大量资金涌入中国。国际游资大量进入，对中国宏观经济、货币体系、金融市场产生了巨大冲击，加剧了国内资产价格的波动，推高通货膨胀，扰乱正常的经济秩序，已成为不争的事实。

三、中国金融对外开放的战略取向

（一）中国金融对外开放的战略与目标

1.金融对外开放的新形势

40多年来，中国金融改革开放和发展取得了举世瞩目的成就，金融对外开放促进了中国金融改革与发展，促进了中国经济社会的发展。当前，中国金融业正处于一个重要的历史转折期和重要的发展期，中国金融对外开放面临着新的形势。随着经济金融全球化深入发展、资本流动规模不断扩大、金融创新日新月异，国际金融领域的不确定性因素增多,外部金融动荡对中国金融业冲击的可能性明显加大。在进一步开放条件下,国内外金融市场联系更加密切,越来越多的外资金融企业进入中国使竞争日趋激烈,跨境金融交易规模日益扩大,跨境金融风险隐患更加突出,金融监管难度不断加大,中国金融改革开放和发展将面临前所未有的竞争和挑战。

2.金融对外开放战略的确立

为适应中国金融业更加开放的新形势的迫切需要,有效应对中国金融进一步对外开放的压力,中国需要制定和实施明晰的金融对外开放战略。实际上,经过多年的探索,中国金融对外开放总体战略的基本框架已经形成,即以我为主、循序渐进、安全可控、竞争合作、互利共赢。显然,这是对中国金融对外开放40多年经验教训的全面而深刻的总结。

中国金融对外开放战略中的以我为主、循序渐进和安全可控,实际上就是中国金融对外开放中卓有成效的主动性、渐进性和可控性原则的体现。

(1)竞争合作

竞争合作之所以成为中国金融对外开放战略的重要内容,是因为从经济金融全球化的发展趋势来看,竞争与合作从来都是相辅相成的。当代经济既是竞争的经济,也是合作的经济。对中外资金融机构来说,只有竞争才能发展,只有合作才能互惠互利。加入世界贸易组织后中国金融业进入全面竞争时代,从中外资金融机构的关系来看,竞争固然激烈,但合作的领域更多,双方应是一种竞争性合作。这种竞争是有序的、公平的竞争,这是因为在华外资金融机构也属于中国金融体系的重要组成部分,将接受中国金融监管当局同一标准的监管;随着中国金融监管体系以及对外资金融机构进行监督管理的法规不断完善,金融机构之间的竞争行为都得到进一步规范、受到严格的约束,不公平竞争、恶性竞争将受到法律的制裁。从合作方面来看,中外资金融机构之间具有明显的资源互补效应,合作有广阔的前景,如股权安排的合作与非股权安排的合作。

(2)互利共赢

中国金融对外开放战略中的互利共赢战略至少包括两个方面的内容:一是遵守国际规则和国际承诺,通过公平竞争和有序竞争争取自己更大的利益,同时也关注其他竞争国的利益。二是在更大范围、更广领域、更高层次上参与国际金融合作与竞争，而不是集中在少数金融产品或领域，通过多层次地参与国际金融合作与竞争，既有利于提高中国自身的利益，也充分考虑其他国家的关切，从而与各国共享金融全球化的利益，共创竞争中的和谐。

为有效实施中国金融对外开放战略，积极稳妥推进金融业对外开放，提高开放质量和水平，当前及未来一段时期亟待解决的最重要的问题包括：

首先，制定总体规划。金融对外开放总体规划是实施金融对外开放战略的蓝图。制定金融业对外开放总体规划，要坚持从中国国情出发，借鉴国外经验，注意把握好金融业进一步开放的时机、力度和节奏。该总体规划中还包括完善的对外资金融企业市场准入和监管的法律法规，以完善金融审慎监管，促进中外资金融企业公平竞争。

其次，优化开放结构。中国金融对外开放结构还不尽合理，优化金融对外开放结构是实施金融对外开放战略的必然要求。优化开放结构的重点为：支持外资金融企业在东北和中西部地区设立机构、开展金融服务；积极引进有助于扩大消费、为中小企业和"三农"等提供特色服务的外资金融企业；金融中心的建立将对中国区域经济协调发展起到非常重要的作用，要加快推进上海国际金融中心建设，以适应中国金融业进一步对外开放的新形势。

再次，稳步开放资本市场。资本市场对外开放是进一步推进中国金融对外开放的重要内容，也是有效实施中国金融对外开放战略的关键所在。因此，要稳步推进资本市场对外开放：拓宽境外机构在境内进行债券融资的渠道；支持有条件的国内金融企业走出去，拓宽对外投资渠道；推进内地与香港、澳门的金融合作，巩固并发挥香港国际金融中心的地位和作用；创造条件，扩大对台湾地区的金融交流；积极参与区域和国际金融合作。

3.金融对外开放的目标

40多年来，中国金融领域对外开放不断扩大，不仅吸引了资金，更重要的是引进了国外先进的金融管理经验、技术和人才，加快了金融创新的步伐，提高中国金融体系运行效率和竞争力，促进了金融业的改革发展。

在新形势下，要进一步扩大中国金融对外开放。必须明确中国为什么要进一步扩大金融对外开放，中国金融对外开放的目标是什么。显而易见，进一步扩大金融对外开放不是为开放而开放，而是要以开放促改革，以开放促发展。进一步推进金融对外开放，其目的就在于增强中国金融发展能力和竞争能力。其实，增强中国金融发展能力和竞争能力只能是中国金融对外开放的一个阶段性目标，而并非最终目标。

党的二十大报告指出，中国坚持对外开放的基本国策。要把"引进来"和"走出去"更好地结合起来，扩大开放领域，优化开放结构，提高开放质量，完善内外联动、互利共赢、安全高效的开放型经济体系，形成经济全球化条件下参与国际经济合作和竞争的新优势。这对于理解和把握中国金融对外开放目标具有重要的意义。

进一步推进金融业对外开放，关键是要按照科学发展观的指引，在扩大金融对外开放的过程中，进一步优化金融对外开放结构，提高金融对外开放质量，注重金融对外开放效益，实现金融对外开放战略的升级，切实提高金融效益和效率，与国内发展实现统筹，通过建设内外联动、互利共赢、安全高效的开放型金融体系，形成在经济金融全球化条件下参与国际金融合作和竞争的新优势，促进中国经济在扩大开放条件下又好又快发展，使中国逐步由开放型金融大国发展成为开放型金融强国。

（二）中国金融对外开放的基本原则

在中国金融对外开放40多年的历程中，积累了一系列宝贵的经验教训，其中有些已经演变成为金融对外开放的基本原则，如著名的人民币汇率改革三原则，即主动性、渐进性和可控性原则。

1.人民币汇率改革三原则的内涵

人民币汇率制度改革三原则具有非常丰富的内涵。

首先，关于主动性原则。所谓主动性，就是中国政府根据自身改革和发展的需要，决定汇率改革的方式、内容和时机。中国要更加积极主动地推动人民币汇率制度的改革，在改革过程中要充分考虑的因素至少包括以下九个方面：对宏观经济稳定的影响、对经济增长的影响、对就业的影响、金融体系状况、金融监管水平、企业承受能力、对外贸易状况、对周边国家和地区的影响以及对世界经济金融的影响，并且保持中国货币政策的独立性。亚洲金融危机的经验教训值得记取：金融对外开放必须与本国金融体系状况相适应。健全的国内金融体系是抵御外部冲击的微观基础，因而要把开放进程与内部改革进程有效结合。有序的开放有利于国内外金融业相互渗透，相互借鉴，缺乏管理的开放和银行体系的脆弱会对金融稳定构成威胁。

汇率制度的选择属于一国的主权范畴，而且也是一国经济决策的重要内容。任何一个国家的汇率制度都是由该国的主权货币当局自主决定，这一原则也受到国际货币基金组织的认可。《基金组织协定》第四条要求会员国应努力以自己的经济和金融政策来达到促进经济有序增长的目标，既有合理、稳定的价格，又适当照顾自身国情。在现实中各国都是根据自身经济发展水平和经济运行状况自主选择汇率制度与汇率政策。因此，在关系到行使国家主权问题的汇率制度改革上，将主动权掌握在自己手中，自主安排人民币汇率改革的时机、方式和进程，符合国际惯例。正确选择适合中国国情的人民币汇率制度并以此主动地进一步深化改革，不仅关系到中国经济金融改革与发展，而且也是维护中国金融安全的重大理论与现实问题。

历史的经验证明，在强烈的外部压力之下，无论是贬值还是升值，都不利于汇率制度的改革。亚洲金融危机期间，强烈的贬值压力延缓了人民币汇率制度改革的进程，就是深刻的教训。毋庸置疑，人民币汇率绝不可能在投机势力极强、外部压力巨大的情况下被动地进行调整。外部压力越大，越阻碍人民币汇率制度进一步改革。为了维护主权的完整，在人民币汇率改革过程中，中国决不会屈从任何政治的和经济的压力。

其次，关于可控性原则。所谓可控性，就是人民币汇率的变化要在宏观管理上能够控制得住，既要推进改革，又不能失去控制，避免出现金融市场动荡和经济大的波动。对于可控性原则，可以从两个方面来把握：

一是风险控制。对人民币汇率制度改革过程可能出现的风险进行控制，尽可能减少风险因素的不利影响，以确保改革的顺利推进。

从固定汇率退出，扩大汇率灵活性是开放中的新兴经济体汇率体制演变的普遍现象，但一些国家和地区成功了，如波兰、智利等，而另一些国家和地区则失败了，例如阿根廷、泰国等。许多研究表明，在货币受到投机性压力时被迫退出固定汇率体制往往会对经济造成较大的损失，而在宏观经济稳定、短期资本受到较严格管制的情形时退出容易获得成功。在国际游资伺机投机人民币汇率升值的压力下，只要人民币汇率有任何风吹草动,人民币管理浮动的区间稍有扩大,人民币币值必然冲上区间上限,并产生更强烈的人民币进一步升值的预期,热钱会更多地流入。在巨额热钱的推波助澜下,最后一定会不以人们的意志为转移而过度升值。

二是加强管理。可控性中可控的含义其实就是指"有管理",这是可控性的本质或核心。人民币汇率制度的改革方向是重归真正的以市场供求为基础的有管理的浮动汇率制度,因此可控性或有管理就具体体现为:一是管理的方式和手段多样化;二是在条件允许的情况下,适当扩大汇率的浮动区间,促进人民币汇率从僵化的状态中解脱出来,增加人民币汇率的弹性。

需要特别指出的是,绝不可以将"可控"与"操纵"画等号,"可控"与美国某些利益集团指责中国的所谓"汇率操纵"风马牛不相及。《基金组织协定》第四条要求会员国避免操纵汇率或国际货币制度来妨碍国际收支有效的调整或取得对其他会员国不公平的竞争优势,同时还要求会员国应努力创造有序的基本经济和金融条件及不会产生反常混乱的货币制度去促进稳定。从中国的情况来看:第一,中国实行的是以市场供求为基础的有管理的浮动汇率制度,并不存在歧视性汇率安排;第二,在中国的银行间外汇市场上遵循的是公开、公平和公正的交易原则,采取价格优先与时间优先的方式撮合成交,并不存在不公平的竞争;第三,人民币汇率保持基本稳定并非为阻碍国际收支的调整或为获取不公平的竞争优势,而是中央银行在银行间外汇市场上通过市场手段进行宏观调控的结果,为创造一个有序的基本经济和金融条件而做的努力。

再次,关于渐进性原则。所谓渐进性,就是有步骤地推进改革,不仅要考虑当前的需要,而且要考虑长远的发展,不能急于求成。人民币汇率制度改革要坚持渐进性原则,关键在于要把握好改革的顺序和步骤,决不可一哄而起、急躁冒进。改革方案的设计和推进,要分清阶段性目标。人民币汇率制度的改革方向可分为近期目标、中期目标和长远目标。从近期和中期来看,人民币汇率制度改革不应以完全自由浮动为目的,而是重归真正的以市场供求为基础的有管理的浮动汇率制度。从长远来看,人民币汇率制度的改革方向是增加汇率的弹性和灵活性,扩大汇率的浮动区间,以有效地发挥汇率在国际收支调节中的杠杆作用。

渐进性原则还要求人民币汇率制度改革应当协调推进。人民币汇率制度改革实际上是市场化取向的改革，这一改革过程必然与整个金融体系的市场化改革，特别是与利率市场化改革进程紧密相关。汇率和利率从来就是金融机构套利投机的基准，在固定汇率制度下，套利资金的流动导致汇率的超调机制，而减少汇率调整中可能出现的这种震荡，防止投机资金引起的汇率错位，推进利率市场化改革是有效途径。正是基于这样的考虑，著名经济学家、美国斯坦福大学教授罗纳德·麦金农提出了利率市场化应当先于汇率市场化的论断。当然，在明确利率市场化先行的前提下，汇率改革与利率改革必须协调推进，要避免就汇率而论汇率或只考虑利率不考虑汇率的倾向。

总而言之，我国需要继续完善人民币汇率形成机制，进一步健全面向市场、更加具有弹性的汇率制度。但是，人民币汇率制度改革涉及面广，影响深远，仍需要做大量的准备工作，创造有利条件和环境，使各方面能够承受可能带来的影响。中国这种负责任的态度和做法，不仅有利于中国宏观经济的稳定和发展，也有利于周边国家以及世界经济的稳定和发展。

2.三原则的理论贡献和实践价值

三原则的政策含义实际上已经远远超出了人民币汇率制度改革的范畴，已经扩展和推广到了整个中国金融对外开放领域，演变成为中国金融对外开放的基本原则。

首先，三原则是对人民币汇率改革操作原则的明确、清晰表述。实际上三原则秉承了中国政府关于汇率制度改革的一贯的、始终不渝的立场，只不过是更加简明扼要、具体化了。三原则的提出有利于消除关于人民币汇率改革的种种疑虑和误解。

其次，三原则的提出有利于把握汇率改革的操作路径。三原则所揭示的改革操作路径逻辑严密。人民币汇率制度改革的操作，首先要求主动性，主动有利于可控，在被动的情况下，可控无从谈起；而可控性与渐进性又是密切相关的，可控则意味着为渐进奠定了坚实的基础，只有可控才能较好地把握改革进程的节奏。另一方面，在汇率改革的操作中把握住可控和渐进，在某种意义上又会赢得主动。

再次，三原则的提出有利于正确导向市场预期和抑制投机。由于近年来人民币升值预期持续增加，导致热钱大量涌入。三原则的提出，特别是强调改革的可控性和渐进性，实际上是对投机人民币升值的非理性行为的一种警示，有利于降低市场对人民币汇率升值的预期,也有利于抑制投机性资本的流入。

金融对外开放基本原则的总结、概况与提出是中国对发展经济学、宏观经济学、对外开放经济学的重要理论创新和贡献。更为重要的是,金融对外开放基本原则具有极其重要的实践价值。坚持这些基本原则,积极稳妥、循序渐进地推进金融对外开放,使开放的节奏和力度与经济发展的水平、市场发育的程度和金融监管的能力相适应,更好地推动中国金融与全球金融的相互融合;坚持这些基本原则,可增强防范和控制金融对外开放风险的能力,维护中国金融的稳定与安全。

四、应对金融对外开放风险的方略

中国金融对外开放40年,是中国金融走向开放、走向世界、金融实力和竞争力日益提高的40年。中国金融对外开放40年,有成功的经验、失败的教训以及可总结的规律,所有这一切都是将中国建设成为一个金融强国的宝贵财富。在进一步推进中国金融对外开放的新形势下,探索适合中国金融对外开放之路,关注中国金融对外开放未来趋势,把握应对金融对外开放风险的方略,显得尤为重要。

(一)微观层面

从微观层面来看,主要包括三个方面:

1.加强风险控制

风险控制是金融的核心,是金融业永恒的主题。从宏观层次来看,金融业是高风险行业,金融风险突发性强、波及面广、危害性大。金融领域的问题如果处理不好,小的风险会酿成大的风险,局部性风险会酿成系统性风险,危及国家经济安全和社会稳定,严重影响改革开放和现代化建设的进程。从微观层次来看,风险控制能力代表着金融机构经营管理的水平,是其核心竞争力的突出表现。因此,中国必须有效防范各种金融风险,特别要防止出现大的金融风险,确保金融稳定和经济安全。

(1)提高全面风险管理水平

现代金融领域各类风险的内在关联性日益增加,风险表现形势日趋复杂。演变成为2008年美国金融危机的次贷危机就是信用风险、市场风险、操作风险共同作用的结果。当今的金融风险很难孤立地进行识别和管理，要求中国银行业必须提高全面风险管理水平。

如何在变幻莫测的环境下提高银行抵御风险的能力已成为国际银行界关注的焦点。巴塞尔新资本协议将风险管理覆盖的范围从信用风险推广到操作风险、市场风险等。巴塞尔委员会认为，操作风险是银行面临的一项重要风险，在新协议中对操作风险进行了界定：操作风险由不完善或有问题的内部程序、人员及系统或外部事件所造成损失的风险。新协议要求，银行应为抵御操作风险造成的损失配备相应资本。

目前，国际主流银行风险管理是全面的风险管理和全员的风险管理，而不仅仅是信贷风险。例如，瑞士信贷集团编写的《银行风险管理手册》中列举的金融服务风险多达100种。而中国金融监管当局和金融机构大多关注的是信贷风险，这也从一个角度反映了中国银行业和国际先进银行的差距所在。由于中国银行业刚刚开始从单一的信用风险控制转向市场风险和操作风险的全面风险管理，长期以来公司治理存在缺陷、防范操作风险的制度机制缺乏、抑制道德风险的银行文化缺失，市场风险和操作风险将逐步上升为中国金融机构发展中的重要风险来源，防范市场风险和操作风险是中国银行业未来发展中的重要挑战。

（2）有效控制风险敞口

金融机构风险管理系统无法有效控制其风险敞口，是引发和放大美国次贷危机的深层次成因之一。导致风险敞口增加的主要因素为：一是美国次级抵押贷款部门存在草率承销和欺诈行为，这在一定程度上反映了美国金融监管体制存在的漏洞。二是金融机构风险管理实践中存在缺陷：对市场流动性、滚动融资流动性、集中性风险、名誉风险以及表外风险敞口的评估和管理不够严格。三是投资者调查实践过于草率，突出表现为机械性地依赖信用评级机构。四是对次贷担保证券和债务抵押债券风险评估的失真、失误。五是金融机构进行的公众披露有时未能说明其表内外风险敞口。六是存在着众多扭曲的激励，如巴塞尔新资本协议之前的资本框架鼓励银行将低风险资产证券化，很大程度上是为了以低资金成本的工具（例如流动性融资便利）来支持高风险资产的证券化。又如金融机构管理人员薪酬模式对长期风险关注不够，等于鼓励过度冒险。以上风险没有受到金融机构内部风险管理系统的充分监督。中国金融机构要引以为戒，加快完善风险控制管理体系和内控机制，建立健全问责制，完善责任追究制度，建立以风险评估为基础的稽核体系。

（3）严防海外并购风险

近年来，中资金融机构加快了"走出去"的步伐，海外发展不断提速。中资银行在海外拓展的手段除了传统的直接设立分支机构、机构延伸方式之外，也开始采用投资参股或并购方式，国际化步伐明显加快。中资银行拓展海外市场是一项复杂的系统过程，究竟选择何种方式，影响因素很多。从选择并购方式来看，可迅速进入东道国市场，突破国外对外资银行机构设立和业务范围的监管，以原有银行为依托，开拓地区市场；节省新设银行的开办费，降低机会成本；减少新设银行跨国并购整合阶段的风险；吸收先进的银行业管理经验；拥有主动权，可根据发展战略目标自主地选择并购对象。

但是，中资金融机构海外并购的风险问题值得关注，其在海外并购和扩张中遇到的最大挑战：一是高素质国际化水平的经营管理人才不足，缺乏国际化经营经验，以及风险控制能力不足；二是不熟悉东道国的经济、法律运作环境和方式。从美国次贷危机和金融危机的演进过程来看，中资金融机构对美国和全球金融体系的风险以及对外投资风险的认识不足。为此，需要特别重视以下三个方面：

首先，加强调研分析。中资金融机构必须认真研究、充分把握东道国宏观经济形势、市场环境和相关政策，加强对包括美国国债、机构债等资产在内的风险评估，对美国金融资产进行重新定价，实现风险关口前移，防范"走出去"的金融风险。

其次，完善内控机制。中资金融机构要全面加强内控机制与风险防范体系，有效设置风险控制环节，以流程化设计来合理安排风险化解措施，为"走出去"业务的健康发展提供有力的保障。

再次，慎重稳步推进。从中资金融机构目前的实际状况来看，其国际化之路应当稳步推进。由于参股、设立分支机构等方式的要求相对较低，也易于控制风险，中资金融机构先期可以通过这些方式进入国际市场，以利于积累国际化经营经验、提升风险控制能力、培养和储备国际化高素质金融人才。通过参与国际竞争与合作，熟悉和掌握国际金融市场的规则、技术和管理经验，提高国际竞争力，待到基本具备驾驭国际化经营的能力后，再进行大规模的并购活动。

2.提升创新能力

（1）金融创新的紧迫性

创新是现代金融业发展的动力，金融机构的市场地位取决于创新，创新能力是构成金融机构竞争力的核心要素。长期以来，中资金融机构传统业务模式难以改观的重要原因就是缺乏创新能力，尤其是缺乏金融产品创新能力。与外资金融机构的金融创新和金融工具多样化相比，中资金融机构产品创新的能力还存在相当大的差距。加入世界贸易组织过渡期结束之后，大量进入中国金融市场的外资金融机构凭借其在国外积累多年的丰富产品创新经验与高质量、个性化的服务，将对中资金融机构现有的高端客户产生强烈的冲击。

实事求是地来看，就目前中资金融机构，特别是中资银行的发展和创新意识以及创新能力而言，短期内很难建立银行业竞争中的创新优势，但大力推进金融创新，有助于中资银行培育创新意识和提升创新能力。

（2）金融创新的关键因素

中国金融监管当局在积极推进金融创新的过程中，中资金融机构在提升金融创新能力并以此来提升其竞争力的过程中，必须高度关注以下三个方面的问题：

首先，全方位金融创新。创新是提升中资金融机构服务水平和竞争力的关键。各类中资金融机构都要适应金融业务综合化、金融活动国际化、金融交易电子化和金融产品多样化的发展趋势，积极推进全方位金融创新。所谓全方位金融创新，就是指要创新金融组织体系和发展模式、创新金融产品和服务、创新金融工具和技术。

其次，重视人的因素。创新的成功取决于四大要素，即人、资源、文化、管理。中资金融机构能否用最好的人，留住最好的人，能否保持有效的科技投入，能否形成积极向上的团队精神、创新精神、开拓精神，能否建立良好的企业文化，能否与客户、与团队员工之间进行良好的沟通，直接影响其创新能力。因此，将中资金融机构打造成蓬勃向上、富有生气、勇于进取、不断创新的金融机构，才能在激烈的竞争中生存和发展。

再次，注重风险控制。正确处理推进金融创新和加强风险控制的关系。长期以来，美国在金融创新的监管和风险控制方面存在着严重的不足。美国不仅严重依赖金融创新促进金融发展，并且试图利用金融创新来占据国际金融领域的制高点，以此来维护美元在国际金融体系中的主导地位。在此战略指引下，美国金融界不遗余力地鼓励和支持金融创新，而对金融创新的监管和相关风险控制却放任自流。导致美国次贷危机爆发的次级贷款债券就是金融创新的最新成果之一，该债券在信用评级、市场交易、价格确定等方面都存在着明显的问题，而美国金融监管当局则始终视而不见，最终酿成危机爆发。美国金融危机警示我们要审慎对待金融创新，严格风险控制，金融创新一定要从中国国情出发，根据需要和可能，积极稳步地推进。

3.推进现代化银行建设

进一步推进银行业对外开放，对于增强中国金融业发展能力和竞争能力、建设现代银行制度都具有十分重要的意义。

（1）把握银行业开放的基本原则

中国银行业在对外开放的全过程中，需要始终坚持的基本原则应当是：积极、稳妥、高效。

所谓积极，就是指根据建设现代银行制度总体目标，加快形成资本充足、内控严密、运营安全、服务优质、效益良好、创新能力和国际竞争力强的现代化大银行。银行业对外开放的目的是促进现代银行制度的建设，提高中国银行业整体的国际竞争力，建立一个健康、发达的银行体系。中国将一如既往地推进银行业对外开放，在认真总结经验的基础上，充分利用国际、国内两个市场、两种资源，按照互利共赢的原则，在更大范围、更广领域、更高层次上参与国际合作和竞争，全面提高对外开放水平，促进中国银行业健康发展。

所谓稳妥，就是指银行业对外开放的进程和步骤要与中国经济社会承受力、宏观调控能力、金融监管水平相适应，减少社会成本，避免出现失误。在对外开放过程中，要注意随时总结经验、避免损失。不可否认，中国银行业在引进战略投资者的过程中，由于对外资的战略意图缺乏足够和清醒的认识，的确也出现了一些与引资初衷相悖的情况。另外，国内某些机构热衷于追求引资的规模和"作秀"，对于外资试图利用中国银行业急于引资的心理，从股权和业务上以较低成本谋求对中国金融的控制权缺乏警惕。对此必须给予足够的重视，决不可掉以轻心。

所谓高效，就是指银行业对外开放要有利于提高中国银行业的收益水平和风险管理水平，使之真正成为参与国际、国内金融市场竞争的现代化银行，增强长期国际竞争力和可持续发展的能力，而并非单纯追求规模和短期效益。

（2）外资参股与金融安全

要辩证地看待外资参股中资银行对中国金融安全的影响。一方面，金融安全既包括金融体系的安全，也包括金融运行和金融发展的安全。实际上，金融安全是一个宏观的概念，而引进境外战略投资者是银行作为微观主体的经营活动，因此将单个银行的风险问题完全等同于金融安全问题是不科学的。中外资银行之间通过股权或业务领域的合作，双方都以实现自身的战略目标为出发点。另一方面，如果从银行业全行业的角度来看，必须高度关注金融安全问题，特别需要警惕防止陷入全行业对外资的过度依赖。值得注意的是，一些境外的战略投资者所表现出来的短期投机行为，也提醒我们必须关注其是否真正发挥了战略投资者应当发挥的积极作用，或者说，需要建立对战略投资者所发挥的作用进行及时、动态评估的机制。

需要强调的是，引进境外战略投资者不是目的，仅仅是中国银行业改革过程中采用的措施之一，我们不可能把希望完全寄托于国外金融机构。银行体制改革是一个艰难而长期的过程，在制定具有全局性方针政策时更需持认真而慎重的态度，必须保持清醒的头脑，采取稳健的操作。一个最基本的出发点就是：必须有利于中国经济金融的发展，维护中国经济金融安全。要防止为迎合境外投资者要求，忽视中国的主权利益要求和现实的倾向。

在推进银行业对外开放、深化国有银行改革、建设现代大型银行的过程中，要始终坚持三个基本点：第一，坚持国家对国有大型银行的绝对控股，保持国家对金融命脉的控制力，实现国有金融资本保值增值。第二，坚持高标准、高质量、高水平，国有银行在建立现代银行制度上，要规范、严格、彻底、创新。第三，坚持发挥自身优势，找准战略定位，集中力量发展有坚实基础、有竞争能力、有市场需求的核心业务，打造各具特色的服务品牌，增强国际竞争力。

显然，强调国家对金融命脉的控制力，强调高标准建立现代银行制度，强调增强国际竞争力，意味着中国在继续坚定不移地推进银行业改革和对外开放的同时，高度关注维护国家金融稳定和金融安全。

（3）加快提升银行业国际竞争力

中国银行业的改革需要从决定竞争力的深层次因素上实现实质性的突破，否则其在全球银行中的竞争力终将难以提高。为此，需要采取一系列行之有效的措施保持并提升中国银行业的竞争力。

第一，进一步完善公司治理结构。这是能否提高银行业竞争力的核心问题，中国很多中资商业银行的公司治理在很大程度上还是形似，不是真正的现代公司治理，也不符合现代公司运作模式。一些金融大案、要案暴露了银行业治理存在的缺陷和内控机制的缺失。与国际先进银行相比，中国大部分中资商业银行在公司治理、风险管理、内部控制、财务实力和透明度等方面仍存在相当大的差距。短期内中国银行业的盈利能力有望获得进一步提升，信息透明度也有望逐步增强，但公司治理和内控机制建设还有待进一步改进。

第二，完善和强化风险管理体系。近年来，中国一些国有商业银行通过改革最终成功上市，资本充足率和不良资产率等指标都有明显的改善，这些指标的水平也已经进入国际先进银行的行列，但对此决不能盲目乐观。国有商业银行之所以能取得现在的成绩，在一定程度上得益于政策的支持、经营环境的改善、不断改进的监管，以及中国经济的强劲增长。但实际上中资商业银行的风险管理的水平与国际先进银行之间的差距还很大。例如，尽管中国一些大型国有银行的不良资产率大幅下降，但这与一些国际先进银行相比还是有很大的差距。

第三，培育和提升创新能力。创新有利于提升银行业的持续盈利能力，创新能力决定着商业银行的国际竞争地位。从国内中资商业银行来看，大多仍属于传统商业银行而并非现代商业银行，普遍存在着金融产品单一、收入结构不合理、市场竞争同质化等现象，而创新是解决这些问题的关键。只有通过不断创新，扩大利润来源，增加表外业务收入，才能改变以存贷利差为主的盈利模式，向真正的现代商业银行转变。

第四，深化人力资源管理改革。要提高竞争力，防范风险、控制风险，关键在于人，在于一支高素质、高水平的金融管理队伍，为此需要深化人力资源改革。科学发展观的第一要义是发展，核心是以人为本。以人为本包含两层含义：一是对外，即客户，客户至上，要以客户为中心，以市场为导向；二是对内，即员工，注重人才培养与使用，要重视引进人才，不断提高全员素质。深化人力资源改革的目标是用人才吸引客户、留住客户，扩大忠诚客户群，建立银行的竞争优势，使之成为最受客户欢迎、最受社会需要，与社会共同和谐发展的服务型金融机构，为中国银行业提升国际竞争能力打下坚实的基础。

（二）宏观层面

从宏观层面来看，主要包括七个方面：

1.强化金融监管

随着中国金融业的快速发展和不断开放，金融运行日益复杂，金融监管形势日趋严峻，监管压力急剧增加，加强金融监管已成为中国金融领域中的重中之重。美国的教训又一次发出警示，为了保障中国金融业持续健康发展，保障金融稳定和金融安全，必须尽快提高中国金融监管能力，强化金融监管。

（1）完善金融监管体制机制

完善金融监管体制机制是全面提高监管能力、强化金融监管的基础。建立集中统一的金融监管体制不仅是国际金融监管的发展趋势，而且也是中国构造有效金融监管体制的目标。在现阶段中国实行银行、证券、保险分业监管体制的情况下，要保障金融监管的有效性，关键在于建立健全协调机制，进一步加强金融监管工作的协调配合。不仅需要加强对金融企业全方位、全过程的监管，同时也要加强对重点领域和重点环节的监管。为提高监管的有效性，不仅需要完善金融法律法规、依法监管，而且还必须强化金融监管手段，采取先进的监控和检查技术手段，对重大金融活动和交易行为实行严密监测，提高现场检查和非现场检查的效率。

（2）加强对外资金融机构的监管

金融监管当局必须加强对金融机构和金融资产的风险管理。金融监管当局不仅要对中资金融机构的海外投资和资产进行动态监管，以防其海外风险敞口过大，还必须加强对在华外资金融机构的监管。美国金融危机表明其对外资金融机构的风险管理并非审慎。因此，要不断完善外资金融机构的监管制度和监管体系，尽可能将其给中国带来的负面影响和风险降低到最低限度。可采取以下措施：

首先，适当控制外资金融机构进入速度。事实上，目前中国银行业开放速度较世界很多发达国家还要快。与之相反，中国金融机构在国际金融市场发展、市场准入却非常缓慢。中国金融监管当局需要考虑国外对中国金融机构的开放程度，对外资金融机构应实行对等开放原则，适当控制外资金融机构的进入速度。即便是开放程度很高的美国也通过"综合监管"的方式对外资银行的进入和经营施以严格的限制。许多国家都采用适当方式控制外资银行总数以及每家外资银行分支机构的数量，确保本国银行在银行体系中的份额；密切关注外国资本在本国银行业总资本中所占的份额，防止外资银行对其国内金融市场的垄断经营或控制。因此，对外资银行的审批速度要适当，掌握节拍，避免外资银行在短时间内大量涌入。与此同时，可适当控制外资银行扩张速度。通过对外资银行的资产规模和经营业绩提出严格要求、实行有效监管，达到适当控制外资银行扩张速度的目的，这是西方一些国家通常采用的措施。

其次，完善对外资金融机构的监管。从世界各国经济发展的实践经验看，为维护本国市场竞争秩序，保护民族产业和国家经济金融安全，各国监管部门都会采取各种措施尽力遏制跨国公司的不正当竞争和垄断行为，反垄断法甚至被西方国家称为"经济宪法"。

2.完善汇率形成机制

实事求是地来看，中国外汇市场的规模仍然比较小，市场结构还不完善，交易主体和交易工具依然有限，外汇市场的交易量充其量只是反映了实体经济对人民币的需求和供给，而外汇市场在汇率发现、资源配置和风险控制的作用尚未充分发挥。

完善人民币汇率形成机制的核心依然是加快外汇市场的发展与创新：增加市场交易主体，健全外汇交易方式，改革和完善管理政策，增加外汇市场交易品种。人民币汇率形成机制在国民经济宏观调控体系和经济金融体制改革中都具有举足轻重的地位，现阶段中国国民经济发展面临的很多问题可能都与汇率有关，例如货币政策的有效性，采取综合措施促进国际收支基本平衡等。为此，进一步完善人民币汇率形成机制，至少应认真把握以下三个方面：

（1）改革方向

坚持市场化取向。人民币汇率形成机制的改革之所以坚持市场化的取向，其根本原因就在于汇率形成机制改革涉及汇率变动的三个因素，即汇率水平的确定、汇率波动的参照体系和汇率波动的幅度。如果没有市场化的汇率形成机制，那么通过市场寻求合理的人民币汇率水平也就不可能实现，任何调整汇率水平的决策也都会因为缺乏市场支持而成为主观臆断。

中国在启动人民币汇率改革时，就确定了完善人民币汇率形成机制的改革方向是重归真正的、以市场供求为基础的、有管理的浮动汇率制度，其基本内涵体现在市场供求、有管理和浮动汇率三个方面。在推进这一改革的过程中较好地把握了三个方面：

首先，力图真实反映市场供求关系。在防范风险的前提下，适当放松外汇管制，扩大外汇管制区间，使经济主体的自愿选择尽可能落在外汇管制区间内，反映市场供求变化，体现广泛的市场参与者的真实交易意愿，为汇率进一步市场化奠定基础。

其次，采取管理方式和手段的多样化。既有中央银行对外汇市场的直接干预，也应包括结合宏观经济环境，通过调节本外币的供求量、利率水平的调整等手段进行综合调节。

再次，适当扩大汇率的浮动区间。扩大浮动区间，促进人民币汇率从僵化的状态中解脱出来，增加人民币汇率的弹性。过于僵化的汇率制度容易受到国际游资冲击。从人民币汇率形成机制改革以来的实践情况来看，管理层在维持人民币汇率双向波动、小幅升值的情况下，将市场化作为汇率形成机制改革的重点并实施一系列的改革措施，其用意就在于更多地发挥市场的作用。

（2）改革操作

坚持三原则。人民币汇率形成机制改革以来，中国承受了极其复杂的国内外经济环境的压力，包括西方国家政府的压力和国内经济增长由偏快转向过热而产生的压力，这些压力所导致的人民币汇率升值预期也与日俱增。然而，人民币汇率形成机制的改革仍然在有条不紊地推进，改革操作也始终坚持了三原则即主动性、可控性、渐进性。就主动性而言，就是根据中国经济改革和发展的需要来决定汇率改革的方式、内容和时机，并在改革过程中充分考虑关系到中国经济发展的一些重要的因素，并且保持中国货币政策的独立性；可控性的内涵包括风险控制和加强管理，人民币汇率的变化要在宏观管理上能够控制得住，同时又要避免金融市场动荡和经济大的波动；渐进性即循序渐进，从近期和中期来看，汇率改革是重归以市场供求为基础的有管理的浮动汇率制度；从长远来看，是增加汇率的灵活性，扩大汇率的浮动区间，充分发挥汇率在国际收支调节中的作用。

（3）改革路径

坚持完善形成机制。人民币汇率制度涉及形成机制和汇率水平，其中重点是机制问题。因此机制问题是人民币汇率制度的基础和核心，如果没有完善的人民币汇率形成机制，要保持人民币汇率基本稳定可以说是空中楼阁。长期以来中国在汇率水平上不断遭到贬值或升值的压力，货币管理当局因此也往往陷于"头疼医头，脚疼医脚"的尴尬之中，造成这样状况的一个重要原因就是人民币汇率形成机制存在问题，而完善汇率形成机制有利于扭转这种状况并解决汇率水平问题。因此人民币汇率形成机制的改革，重在机制的完善，而不在于简单的汇率水平调整，或者是单向的升值。

由于中国国际收支的不平衡是由深层次制度因素和结构因素造成的，毫无疑问，单项政策的调整或单纯依靠汇率升值难以从根本上解决中国国际收支不平衡问题，而应从围绕以消费需求为主扩大内需、降低储蓄率、调整外资优惠政策、扩大进口和市场开放等结构性政策以及汇率浮动来共同入手，全方位进行调整。显然，这种促进中国国际收支趋向平衡和实现汇率均衡的调整将是一个渐进的过程，绝非一蹴而就的短促突击，而改革的渐进性也要求完善汇率形成机制。

总之，完善人民币汇率形成机制是中国自主的选择，在推进这一改革时必须充分考虑社会经济的承受能力，避免汇率大幅度波动对经济发展产生的负面影响，注重防范国际经济风险。因此，在未来深化人民币汇率改革、完善人民币汇率机制的过程中，需要继续坚持市场化改革，坚持改革操作主动、可控、渐进，坚持完善汇率形成机制这些基本原则。

第五章 创新金融业开放

第一节 与国际清算银行的密切合作

一、进一步增强我国在国际清算银行中的话语权

面对国际清算银行相对滞后的改革步伐，我国一方面应在董事会提议进一步提高与治理结构相关的信息披露力度，如各成员持股比例、董事会会议纪要、高管遴选规则等，增强治理透明度；另一方面要联合其他新兴市场与发展中国家一起推动国际清算银行制定治理结构改革方案，促使国际清算银行股份与董事构成多样化，积极争取与我国经济实力和国际地位相匹配的发言权。另外，要加强国际金融人才（尤其是金融监管方面人才）的培养和输出力度，努力改变国际清算银行及巴塞尔进程中中国雇员占比过低的现状，并适时争取高层领导职位。

二、积极参与巴塞尔进程

次贷危机后巴塞尔进程的治理改革标志着由发达国家长期主导国际金融监管制度的局面有所改变，以中国为代表的新兴市场经济体开始广泛地、实质性地参与金融监管的国际标准制定过程。中国主动提出国际金融监管规则的改革设想，派员参加巴塞尔进程各国际性委员会和金融标准制定机构下属的多个专项工作组，参与技术研讨

与文件起草，在某些具体领域的监管改革上分享我国监管部门的良好做法。

另外，中国应充分利用巴塞尔进程所举办的各种双边或多边会议、研讨场合，建立广泛的国际联系，加强与国际同业之间的沟通与协调，不断提高我国金融监管的国际化程度，并联合推动扩大现有标准制定机构的代表性和多样性，拓宽巴塞尔进程所覆盖的金融监管领域，制定适用范围更广的金融标准和准则。

三、深化亚洲货币金融领域的合作

近年来，中国人民银行在区域金融合作领域的参与力度不断加大，主导地位稳步提升，尤其在外汇储备库、债券市场、区域监督机制、央行行长会议机制及与独联体国家金融合作方面取得了重要进展与成果。同时不断推进与东亚及太平洋中央银行行长会议组织、东新澳央行组织之间的合作。

第二节 "一带一路"框架下的投融资合作

习近平总书记于 2013 年 9 月和 10 月分别提出了建设"新丝绸之路经济带"和"21世纪海上丝绸之路"的战略构想，呼吁有关国家同中国一起，共同打造互利共赢的利益共同体和共同发展繁荣的命运共同体。这一战略构想赋予了丝绸之路以全新的时代内涵。"一带一路"倡议提出以来，"五通"运作进展喜人；贸易和投资齐头并进；建设和生产均有建树；"东出海"和"西挺进"两头兼顾；亚太经济圈和欧洲经济圈各有千秋；政策性金融、开发性金融、商业性金融、股份制金融等优势互补；基金、证券、保险、租赁各显其能；政府和市场各就其位；国营和民营联手推动；国内金融和国际金融共同参与。目前，已经初步形成了投融资体系和相应的管理、监督方法。

一、中国为"一带一路"作出了巨大贡献

（一）在签署相关文件和协议方面

2021年2月之前，中国先后与100多个国家、31个国际组织签订了205份关于"一带一路"的合作文件，其中有46个非洲国家、37个亚洲国家、27个欧洲国家、11个大洋洲国家、11个北美国家和8个南美国家，覆盖了投资、社会、贸易、科技、金融等领域。

（二）在金融机构的融资服务方面

中国金融机构为"一带一路"提供了至少6500亿美元的融资安排（其中3000多亿人民币属于海外基金业务）。2020年上半年，中国对成员国非金融直接投资81.2亿美元，同比增长19.4%。其中，对东盟国家投资62.3亿美元，逆势同比增长53.1%。截至2019年年末，国家开发银行为超过630多个项目发放的贷款存量达到2000多亿美元。中国进出口银行通过提供买方和卖方信贷等方式，支持"一带一路"项目超过1800个，贷款余额超过一万亿元人民币。2020年之前，中国银行已经为600个以上的项目安排了1600多亿美元的授信。数据表明，中信保险为成员国提供的保险支持额度累计金额达到8000亿美元以上，赔款超过20亿美元，保险业直接和间接投资额度不低于1000亿元人民币。参与"一带一路"建设或运营的上市公司在股市等资本市场上取得了不低于5000亿元的股权融资。中国设立了多项专项基金，以股权引导的方式吸引成员国参加项目融资。人民币国际化的进程逆势加快。

（三）成立境外金融机构方面

据不完全统计，截至2019年年末，中国的银行累计在60多个国家和地区设立了约1200家分支或外派机构，其中11家银行约在30个成员国国家设立了约80家分支或外派机构（包括19家子行、47家分行和13家代表处）。截至2019年年末，中国工商银行在大约48个国家和地区设立了400多家派出机构，与20个非洲国家的银行开展了股权合作，与超过14个国家和地区的1400多家境外银行建立了代理等关系，

在 21 个成员国当地设立了近 130 家派出机构。

（四）在主导成立新型开发金融机构方面

主要成立了亚投行等三家新型国际金融机构，起到了弥补原有多边开发金融机构投入资金不足的作用。在亚洲基础设施投资银行第五届理事会年会视频会议开幕式上，习近平主席宣布，亚投行已经从 57 个创始成员发展到来自六大洲的 102 个成员。截至 2019 年年末，亚投行审批通过了分布在印尼等成员国的 30 多个建设项目，贷款总额超过 70 亿美元，预计可拉动关联资金约 400 亿美元。

（五）在设立专项基金方面

为加强股权融资，专门设立了丝路基金、中非发展基金及中非产能合作基金、中国-欧亚合作基金、中国-东盟投资合作基金、中俄投资基金、亚洲渔区合作专项资金、上海合作组织发展基金、中阿共同投资基金、中国-中东欧投资合作基金等基金。某些省市也着手设立"一带一路"专项基金。2020 年，丝路基金新增签约项目 10 个，新增承诺投资金额约 8 亿美元和 114 亿元人民币。截至 2020 年年底，丝路基金主要通过股权方式，在成员国主导或参加 40 多个项目。据测算，其额度分别超过 100 亿美元和 400 亿元人民币，至少有三分之二用于能源电力、交通运输、高技术设备制造和相关基础设施项目上。

（六）在创新融资产品和工具方面

中国政府和金融机构开展了大量工作。例如，赋予有条件的自贸试验区以国际铁路运单物权凭证功能，将铁路运单作为信用证议付票据；筹集具有股权性质的长期限资金，丝路基金提供的基金最长期限可达 30 年；保险机构创立内保外贷、双向资金等新型融资工具；国家开发银行创设了多边或双边合作基金，中国农业银行、中国银行、中国工商银行等中国金融机构在境外发放了多种专项债券；部分银行将投资银行与商业银行的业务结合起来，优势互补，为成员国提供综合性金融服务；政策性银行和开发性金融机构为成员国提供"融智"服务，积极为成员国的投融资业务和项目建设运营出谋划策；设立专项贷款融资服务，包括非洲中小企业、中德中小企业、大型成套设备、中希和中德船舶、中匈等专项贷款服务,两优贷款包括援外优惠贷款和优惠出口买方信贷,具有利率低（2%～3%）、期限长（一般 15～20 年）等特点；中国建设银行设立专项贷款审批通道,中国银联提供包括受理、发卡、输出技术标准和转接网络等服务,平安银行开发首笔"一带一路"境外工程保理融资项目；中国银行联动中银国际、中银集团、中银保险等公司,为成员国提供商行+基金+保险+抵押担保+证券+投行+相关投融资产品的全面服务；工行成立了"一带一路"银行间常态化合作机制,并与欧洲复兴开发银行,法国、日本等国银行共同发布了"一带一路"绿色金融指数；等等。

（七）在财政、税务和银保监会、证监会工作方面

中华人民共和国财政部发起并联合 26 个成员国的财政部共同核准了《"一带一路"融资指导原则》,呼吁"一带一路"成员国的政府、金融机构、企业共同行动,形成合力建设具有长远的、安全的、连续性的融资机制。中华人民共和国财政部发布了《"一带一路"债务可持续性分析框架》,国家税务总局对中国"走出去"企业给予了相应的税收优惠；中国银行保险监督管理会则与成员国的监管机构签订监管合作谅解备忘录,形成监管合力；中国证券监督管理会与相关成员国之间建立交易所联通等机制,提供更加多元的交易工具和投资渠道给予"一带一路"成员国投资者以方便,使人民币更加畅通地流入国内,形成境内外的良好循环关系。上海证券交易所、深圳证券交易所也表示将提供交易所债券市场服务于成员国的投融资机构和企业。

（八）在中国对外投资方面

中国对外投资正快速增长。2023 年 4 月 20 日,中国商务部公布的最新数据显示,一季度中国对外非金融类直接投资2159.7亿元（人民币,下同）,同比增长 26.3%,折合 315.4 亿美元,同比增长 17.2%。

分行业看,流向批发和零售业的投资额达 71.6 亿美元,同比增长 31.4%；流向交通运输、仓储和邮政业 14.8 亿美元,增长 24.4%；流向制造业、建筑业、信息传输等领域的投资也呈增长态势。

分区域看，一季度中国对"一带一路"沿线国家直接投资57.6亿美元，同比增长9.5%，占同期对外非金融类直接投资总额的18.3%。

对外承包工程方面，一季度中国对外承包工程完成营业额2168亿元，同比增长17.7%；新签合同额2954.7亿元，同比下降1.8%。其中，对"一带一路"沿线国家承包工程完成营业额1164.8亿元，新签合同额1748.9亿元，分别占同期总额的53.7%和59.2%。

（九）在试行PPP模式方面

目前，PPP模式主要在亚洲推广，南亚国家项目最多，资金额度超过1500亿美元，主要推广在能源、交通、电信网络、城建、园区等项目上，其中能源领域的项目最多，因为能源、交通行业最适合推广PPP模式；其次是交通领域，能源与交通项目合计占比超过80%。从项目资金来源看，由于PPP受到了中央政府的政策支持，因此部分项目得到了政府财政资金的支持。中国进出口银行、国家开放银行、丝路基金、中国私营企业、中国民间投资基金、合作国私人部门、当地的金融机构和当地资本市场等都有不同程度的参与。

（十）在推动绿色金融方面

中国人民银行发布的数据显示，2022年末，我国本外币绿色贷款余额达22.03万亿元，同比增长38.5%，比上年末高5.5个百分点，高于各项贷款增速28.1个百分点，全年增加6.01万亿元。截至2022年年底，我国本外币绿色贷款余额达到22万亿元，绿色债券存量约1.5万亿元，资产规模位居全球前列。2018年以来，中国金融学会绿色金融专业委员会与英国伦敦金融城牵头相关机构，发起了《"一带一路"绿色投资原则》，低碳和可持续发展正式成为"一带一路"倡议的议题。中国希望能够增加国际对话，能在绿色金融标准方面与包括"一带一路"倡议的相关国家和地区在绿色金融标准方面相互认证，提升国内金融机构境外投资绿色化的程度，以吸引国外高质量的绿色投资。中国央行利用G20和央行绿色金融网络等平台，积极推动成员国的金融机构签署《"一带一路"绿色投资原则》。中国的金融机构和企业率先为绿色"一带一路"开启了探索之路，例如推出中国准主权国际绿色债券、绿色债券发行量爆发性增长、"一带一路"绿色金融指数和绿色投资基金等，并于2020年7月份成立的国家绿色发展基金股份有限公司。

（十一）在中欧班列发展方面

截至2020年年底，中欧班列累计开行超过3.3万列，通达欧洲大陆20多个国家的90余座城市。其中2020年，中欧班列开行达1.24万列，首次单年开行超过1万列，同比增长50%，运送集装箱113.5万标箱，同比增长56%，往返综合重箱率达到98%；疫情期间，运送医疗物资939万件，共计7.6万吨。

二、"一带一路"投融资存在的主要问题

（一）资金需求缺口大

基础设施项目的融资来源有公共部门和私人部门，前者主要来源于财政、政策性银行、开发性金融机构、相关投资基金、传统世界多边金融机构、新型多边开发金融机构；后者主要来源于民营企业、个人，以及他们从资本和债券市场得到的融入资金，但私人部门有时会比公共部门更适合跨国投资。自中国提出"一带一路"倡议后，项目越来越多，资金需求额越来越大，也更加多元化。传统的银行国际结算业务和小额汇款已无法满足当前的支付需求，需要做到多国家、多币种的跨境金融合作，而目前"一带一路"资金成本高，融资模式及渠道比较单一，因此资金缺口成为"一带一路"建设的瓶颈。从世界银行等机构测算的全球基建资金缺口看，预计到2040年，全球基建项目投资总需求将达到94万亿美元（仅亚太地区每年需求约8000亿美元），全球每年资金缺口约8000亿美元。瑞士再保险研究院预测，2015年至2030年，"一带一路"基础设施建设资金需求大约20万亿美元。预计到2030年，"一带一路"将为全球保险业带来340亿美元的保费收入，届时"一带一路"项目将推动中国保险业保费增长215亿美元。其中为中国保险公司的贸易相关保险带来15亿美元保费增长。从亚洲开发银行预测的基建需求看，"一带一路"沿线国家基础设施建设每年的融资

缺口约为1.8万亿美元,但是公共部门和私营部门能够提供的资金总额只有1/3左右。今后10年内,亚洲基础设施投资需求将超过8万亿美元,年均需求8000多亿美元。

从世界银行估计的绿色投融资缺口看,发展中国家实现可持续发展目标和《巴黎协定》的资金缺口估计为每年2.5万亿至3万亿美元。一方面,全球绿色发展面临巨大资金缺口;另一方面,仍有很大一部分资金投入非绿色行业。全球特别是中国的绿色债券发行量增长迅猛,也仅占全球发行债券总数的2.5%左右。据清华大学等机构共同研发的模型估算,为了实现《巴黎协定》"2摄氏度温升"的气候目标,每年需要在"一带一路"沿线国家投入超过7900亿美元的绿色资本,但2018年清洁能源在全球范围的投资额不足年度所需投资额的50%。以上所列的仅仅是在"一带一路"投融资比重最大的基建设施资金缺口,在其他领域同样存在着较大的资金缺口。

(二)大多数沿线国家经济金融相对落后,债务高企

"一带一路"沿线的65个国家中,大部分属于新兴经济体和发展中国家,总人口约44亿,经济总量约20万亿美元,分别约占全世界的2/3和1/3,中等收入和低收入国家占比65.6%,高于全球平均水平。与中国率先完成核准的《区域全面经济伙伴关系协定》相比,15个成员国总人口22.7亿,GDP达26万亿美元,总人口不到全球的1/3,但经济总量超过"一带一路"沿线国家;与中国宣布加入的《全面与进步跨太平洋伙伴关系协定》相比,覆盖4.98亿人口(中国尚未统计在内),国内生产总值之和占全球经济总量的13%。另外,沿线65国的GDP仅占全球15%,但碳排放量占全球24.9%,化石能源消费占总能源消费比重高达86.8%,显著高于全球水平,环保投资成本高于世界平均水平。"一带一路"沿线国家中有8个最不发达国家,有16个非世界贸易组织成员,有24个国家人类发展指数低于世界平均水平。沿线国家大多数处于经济转型时期,城镇化、工业化、社会减贫等任务艰巨。许多国家的投资额仅占GDP的2%~3%,而贷款利率高于10%,不良贷款率超过6%。如塔吉克斯坦银行融资成本在13%~35%之间,刚果(金)金融机构贷款年利率大约在15%~24%之间。据国际货币基金组织对政府与对外债务数据统计显示,在"一带一路"沿线国家中,有9个国家对外存量债务占GDP的比重超过80%,6个国家的公共债务(政

府债务和政府对外担保债务）占 GDP 比率高于 75%。克罗地亚、埃及、牙买加、约旦等国的公共债务对 GDP 比率高于 75%，外债对 GDP 比率低于 100%；哈萨克斯坦、老挝、拉脱维亚等国的外债对 GDP 比率高于 100%，公共债务对 GDP 比率低于 75%。这些国家还缺乏科学的债务持续性评估机制，没有通过债务工程增加经济、税收、费用产出的规划和实现机制，现有债务的持续性问题突出。某些国家债务高企是在长期内外矛盾交织中逐步形成的，基础设施等重大项目面临的历史欠账较多。西方某些发达国家以前对某些成员国的投资、建设、运营政策和做法，也是增加某些国家债务的原因之一。中国冒着各种投融资风险，为"一带一路"成员国提供融资，并承担工程建设任务，通过建设所在国的实体基础设施和数字基础设施，在增强其经济发展动力的同时，引导其转向绿色发展方向，有助于其从根本上缓解债务负担。

（三）部分国家投资融资风险大，应对能力不足

1.所在国政治社会和政策风险

"一带一路"沿线部分国家具有独特的资源能源和区位，既是地缘政治冲突的热点地带，也是全球主要政治力量角逐的焦点区域，处于大国利益角逐的中心地带。所在国政府换届（特别是政变）、外交变化、民族、宗教、部落冲突、恐怖主义等，将导致"一带一路"政策的改变，这是国际项目建设和运营的最大风险；部分国家社会制度和法律法规体系尚不健全，政府治理能力不足，导致社会治安恶劣。还有个别国家将"一带一路"倡议视为降低其影响力和发展力的负面因素，挑动民粹和舆论，并直接设置障碍。

2.项目、金融和回收风险

由于沿线国家的金融制度不够完善，而且项目主体多、投资金额大、建设周期和回收周期长、收益回报低、项目复杂，资金融通存在着货币、资金端和资产端、期限、结构、收益与风险、准入和退出、成本与赢利、信用与资产包八大错配及高安全风险，包括金融和企业可能遇到的国别风险、信用风险、市场风险、流动性风险、操作风险、法律风险、合规风险、声誉风险、系统风险、财税政策风险、贸易风险、投资集中度、技术风险、环境风险、标准风险、规则风险、制度风险等十七种风险。部分沿线国家

企业处于行业生命周期的初创期和成长期阶段，具有规模小、风险高、现金流不稳定等特点，与商业银行传统服务的成熟期企业客户相比，难以满足商业银行的贷款条件，而且跨境投资企业的综合融资成本太高。目前，申请缓债的国家越来越多，每次主权国家债务重组或债务违约，基本操作就是免除+延期+降息。

3.生态环境风险

部分中国企业在国外投资建设，其生态环境风险贯穿于企业项目建设、运营和资金回收全过程中。例如，在签订投资建设协议或合同阶段，所在国就已事先设置环境规制风险、企业行为风险和争端诉讼风险；在项目建设前期，所在国利用环境设置环保贸易壁垒造成项目形式风险。而中国海外投资环境法律规则多边性不够、不深不细，有的企业本身环保意识就不强，对所在国的环保法律法规的研究不深不透，无法有效识别和应对所在国的环保法律法规的繁文缛节和"一般例外"等条款暗设的雷区；对所在国环保的总体信息，特别是民意和舆情重视不够；发挥当地环保中介机构的作用不够；等等，致使中国有的企业被迫受到起诉或国际仲裁，从而遭受损失。

4.应对上述风险的能力有待提高

融资模式单一，投融资以政府投资为主，PPP、ABS和BOT等项目融资模式依然处于前期探索阶段；政府债券融资不成熟，公司和金融机构的债券融资即使全面放开，很多项目也不具备发放条件，即使具备发放条件，中国金融机构由于在国际信用评级中低于世界银行、亚洲开发银行等，在国际市场发行债券的成本明显偏高；只有中国出口信用保险公司一家机构能提供海外投资保险，且保险产品较为单一，产品保险额度有限制，不太容易在地区之间调配额度；中国金融机构普遍缺乏成本低和稳定性强的外汇资金流，而沿线各国普遍要求得到较低成本的债券和贷款；中国金融部门在国外的分支机构总体偏少，不利于及时有效地应对当地复杂多变的情况。

（四）在保险和担保机制方面存在差距

中国保险业和项目担保机制在保险产品供给、机构国际化、金融科技创新、互联互通及国际资源配置等方面，均存有差距。一是对主要担保要求很高。由于大中型项目投资大、回报期长、风险因素复杂，中国的金融机构和投资企业要求所在国政府提供直接或间接的主权担保。据世界银行统计，2013—2018年，"一带一路"沿线50个发展中国家的债务总额达到5000亿美元，其中主权担保债务3000亿美元；但过度依赖主权担保会过度消耗所在国政府的担保资源，透支其在国际市场上的融资信用。二是母公司为项目还款提供公司担保以及母公司为项目申请的银行担保过度依赖担保兜底。三是目前中国实践中虽然存在海外投资保险产品，但还没有一部海外投资保险法规可遵循。四是金融机构对保函、信用证的开立审批，以及额度审批过于严格，企业项目保险费用较高，中国的投资企业担保的比例过大。五是中国政府作为中资企业、银行和中信保的控资方，承担了很多最终风险。六是未能发挥好联合信保机构之间联合承保以及再保险的优势。七是中国没有就跨境投资业务融资或出口信用保险与其他国家开展对话或落实文件协议。八是虽然海外投资由中信保承保，但承保额度和覆盖范围有限，地区指标分配不灵活，担保品种有限（例如没有企业对外履约险、财产保险、海外劳务人员的人身保险等）。一些企业只能诉诸内保外贷方式，却也受到十分严格的限制。部分国际产能合作企业陷入了融资难、手续繁、期限短、额度小、科技弱和链条短的困境。九是土地、设备、矿山资源等抵押品、股权、收益权等质押品、特许经营权、第三方担保（保证）等担保品，传统项目评审的信用结构要素，也是银行防范项目风险的重要手段。但由于有的中资银行对境外复杂多样的抵质押相关法律以及登记操作不太熟悉，使得抵质押物无法顺利完成登记，或风险发生后抵质押物难以变现处置。

三、初步建议

（一）加强多边合作，引导更多国家为"一带一路"项目融资

"一带一路"倡议鼓励多方参与并调动各类金融资源支持互联互通。一是中国政府部门、金融机构和企业，都要尽快树立起强烈的合作融资意识，风险共担、利益共享，各自发挥比较优势意识，因为这关系到"一带一路"的可持续发展和中国的金融安全。二是加强与国际多边金融机构的合作。亚投行、金砖国家新开发银行、国内金

融机构与世界银行、亚洲银行、欧洲复兴开发银行、德国复兴开发银行、法国开发署、日本国际协力银行等在传统信贷业务、投资银行业务、保险业务、信托业务、租赁业务、担保机制等方面开展深入合作，有利于中国金融机构和企业在防范项目政治社会风险、减少融资成本、熟悉当地综合实际情况、掌握项目内幕、降低担保门槛等方面得到好处。吸引相关国家和金融机构大力开展联合融资、银团贷款和人民币跨境贷款，以分散风险，促进人民币国际化。三是将养老资金、主权基金、退伍兵基金和其他相关渠道的资金，吸引到"一带一路"上来，无论是从项目总数，还是从投资总额来看，能源、交通项目在"一带一路"中的占比都会超过70%，这类大项目正好符合养老资金、主权基金、退伍兵基金的投资偏好。四是加大加深与外资金融机构合作，尽可能实现低成本资金、经验、人脉、信息等资源的共享。五是充分利用联合国、联合国开发计划署、非盟、中非银联体、东盟、东盟银联体、上合组织、世贸组织等机构，加强与国际性、综合性强的大型金融机构或企业联合，与两个国家或两个以上国家共同投资，开展第三方市场合作投资建设。六是搭建具有造血功能的、多国参建的海外投融资平台，助力中国企业在海外市场融到更多的低成本资金。七是中国银行业尝试将某一区域和/或某一类和几类项目的贷款资产进行打包，拿到国际资本市场上去发行贷款抵押债券。八是与实力强大的金融专业咨询公司和商团建立合作，借鉴国际典型投融资项目的经验和教训，协助制定符合"一带一路"实际情况和真正需求的标准、规则、法律和制度。

（二）加大力度将"一带一路"成员国和其他国家资金引入中国

联合国贸易和发展会议的数据显示，2020年中国吸引外国直接投资增长4%，达到1630亿美元，引资总量再创新高，超过美国居全球之首。而相对于中国对外投融资额度，"一带一路"沿线国家对华投资明显偏低。从人均GDP来看，"一带一路"成员国中有十多个国家比中国高，其中有几个国家还是对外直接投资国，但这些对外投资国对中国的投资却非常有限。因此建议对"一带一路"沿线国家扩大市场开放，营造良好的营商环境，促进投资自由化与便利化；落实准入前国民待遇加负面清单制度，对能与国内投资形成较大关联性或互补性的、进入中国薄弱环节和环保项目的外资，给予一定的税收等优惠政策;将人均 GDP 超过中国的国家作为资金"引进来"的重点对象;重视引入发达国家的投资,英、德、美、法、日、韩等发达国家依然是直接投资中国金额排在前十名的"大户";在国际产能合作中,不仅要将中国的产能转移出去,也要将捷克、新加坡、俄罗斯、乌克兰和匈牙利等国的先进技术和产能转移到中国来;将《区域全面经济伙伴关系协定》等作为平台,加大引进东盟国家的资金,特别是引进新加坡的资金和管理技术;在海南自由贸易港打造"一带一路"投融资平台,吸引"一带一路"成员国或北欧气候寒冷的国家到中国投资(包括技术);鉴于"一带一路"成员中有不少伊斯兰国家,在宁夏打造面向伊斯兰的西部金融中心,在保障国家安全前提下积极引进伊斯兰资本。

(三)更好地发挥证券业的重要作用

证券市场是国际上最基础、最广泛的融资场所,是扩展参与"一带一路"企业资金来源极为重要的渠道,尤其是中国企业更加缺乏的是直接融资渠道。多年来,中国一直在促进与"一带一路"相关的证券业产品创新。例如,上海证券交易所和深圳证券交易所发布了《关于开展"一带一路"债券业务试点的通知》,国内发行了"一带一路"公司债券。国内已有超过1000家参与"一带一路"的上市公司在中国的股市和债市融资。南北两家证券交易所都支持这类企业将国内的好做法、好产品带到境外发展。中国已有多家证券公司取得了跨境业务资格,今后还将陆续增加。自 2017 年发行首只"一带一路"熊猫债券以来,"一带一路"资产支持证券、主题债券、公司债券等越来越多。中国金融期货交易所、证券交易所通过并购、合作方式,拓展了境外业务范围,建立了服务于"一带一路"的境外区域性债券市场,有的境外债券投融资工具已经使用人民币计价。服务于"一带一路"的绿色金融债券、高级无抵押美元债券、企业资产证券化、民营企业债券融资支持工具等也已推出。在境外证券业进行股权、债券融资、并购重组、交易所牌照、托管服务、融资租赁服务外汇套期保值服务等也有了一定的基础。加上人民币跨境支付系统的开通,基本实现了人民币国内外支付的贯通,几年前国际货币基金组织已经宣布将人民币纳入特别提款权货币篮子。上述种种基础性工作,已经为中国证券业更多更快地"走出去",为"一带一路"作出更大贡献创造了初步条件，但同时中国证券业也要指导和帮助参与"一带一路"的中国企业与境外资本市场实现直接对接。

第三节 多边开发领域的合作与创新

自 2020 年 3 月以来，金融市场基本保持平稳，众多国家能继续以低成本筹资，这得益于发达经济体采取了前所未有的宽松货币政策，宽松货币政策正扩展到亚洲地区。但并非所有国家都这么幸运，一些国家仍被切断在资本市场之外，无法为经济复苏提供资金。这些脆弱的经济体需要得到国际社会的支持，帮助其复苏经济，避免出现发展差距越拉越大的风险。

一、多边开发银行为复苏经济提供有力的资金支持

多边开发银行在全球范围内为帮助各国复苏经济所承诺的资金总额高达约 940 亿美元，多边主义在这一关键时刻发挥了重要作用。尽管反对者在推动更多的贸易保护主义和封闭的经济体系，但新冠疫情的冲击，加强了我们对国际合作是应对全球挑战的关键的信念。亚洲基础设施投资银行（以下简称亚投行）作为一家多边开发银行，最大的特点是吸收了现有主要多边开发银行最佳实践和经验教训，而不是在照搬现有机构的做法。

具体来看，亚投行与布雷顿森林机构进行了合作，充分借鉴后者在治理、环境、社会标准和可持续投资等方面的先进做法。亚投行建立在精简、廉洁、绿色的价值观之上。这些价值观支撑了人们致力于减少浪费和效率低下，对腐败和不道德行为零容忍，以及推动促进绿色经济和应对气候变化的相关投资项目。亚投行的成立旨在为基础设施发展筹措资金。将亚洲基础设施缺口单纯地看作一种融资缺口并不准确，仅仅

通过加大融资无法解决缺口问题，投资项目还必须在治理、可持续性、设计和实施等方面达到高标准。

亚投行的宗旨在于为基础设施和其他生产性领域提供资金，具有敏捷、适应性强的突出特点。在新冠疫情严重破坏全球经济、对人们的生命造成重大威胁之际，亚投行立刻行动，超越常规业务界限，向相关成员政府提供资金，帮助它们遏制新冠疫情，满足医疗保健部门的需求。中国是亚投行抗击疫情国际合作的第一个国家。在新冠疫情下，亚投行迅速调整了投资策略，并启动了高达 130 亿美元的新冠肺炎危机恢复基金，以满足即时之需。亚投行批准了超过 63 亿美元的资金，用于成员国的公共卫生危机应对、大流行病预防、流动性和应急预算支持。目前，亚投行已恢复正常，继续其常规基础设施业务，致力于投资那些利用最新技术应对气候变化、引入私营部门参与以及有助于加强亚洲和世界其他地区联系的基础设施建设项目。

二、金融合作与融合对促进全球经济实体领域的发展具有重要作用

事实上，亚洲的巨大机遇在于，资本市场有潜力为基础设施和其他关键领域创造新的资金来源，以发展亚洲经济并为复苏提供资金。不同金融领域子行业对外资所有权的限制已经放宽，例如高盛和摩根士丹利持有企业的大部分股权已得到批准，而美国运通成为第一个获准在中国开展人民币交易的外国支付网络。

中国推进国内资本市场开放的步伐正在加速。2019 年，中国央行取消了合格境外投资者投资股市的上限。2020 年，外国机构投资者已获准直接进入在岸债券交易市场或通过债券互联计划进行投资，预计中国证券监管机构将出台进一步规定，允许更多外国投资进入国内股票和债券市场。正因为中国市场改革取得的进展，继加入摩根士丹利国际资本指数、标准普尔道琼斯等主要指数后，中国的主权债券又被纳入富时罗素指数。外国投资者正稳步增持中国债券，截至 2020 年 8 月，外国投资者已持有 2.5 万亿元人民币的在岸中国债券，连续 21 个月每月增持。

亚投行既是开放的受益者，也是一个有力的贡献者。亚投行于2020年6月在中国发行了首笔熊猫债券。自中国银行间市场交易商协会的指引发布以来，亚投行是发行熊猫债券的级别最高的发行人。这只可持续发展债券的定价与中国政府债券前所未有地接近，息差仅为7个基点。亚投行对中国债券市场的一个贡献是，它能够吸引国际投资者进入中国银行间债券市场。发行的第一只熊猫债券的最终投资者65%来自海外，35%为国内投资者。我们希望继续吸引国际投资者，使他们能够在未来进一步参与熊猫债市场。

值得注意的是，首只熊猫债券具有新冠疫情预防标签，也就是说，筹集的资金主要用于为中国的城市提供应对新冠疫情的紧急融资。

中国在发行流行病债券应对新冠疫情方面走在了世界前列。海外很快效仿这一做法，引起2020年全球范围内首次发行社会债券。这说明了金融创新在解决社会问题方面的巨大力量。亚投行于2020年发行了两笔在美国证监会注册、以美元计价的可持续发展债券，筹集资金用于亚投行设立的紧急援助项目。随着我们在资本市场业务上的不断发展，已经完成了美元、人民币、土耳其里拉、俄罗斯卢布、港币和其他货币债券的发行。目前，亚投行已经聘请了全球领先的承销商承担亚投行债券发行工作，包括高盛、摩根大通、巴克莱、道明银行、野村证券，还有国内的中国银行、中国工商银行等。

为筹备熊猫债券的发行，亚投行与中国的金融市场监管机构进行了紧密的对话，他们非常愿意听取亚投行作为超国家发行人的经验和反馈。亚投行的总部设在北京，能够利用优越的地理位置，为其他发展金融机构更容易地接触到国内投资者提供便利。

而市场的发展得益于中国政府进一步开放国内金融市场的持续努力。2022年10月27日，中国银行业协会正式对外发布《人民币国际化报告（2021-2022）》，建议进一步便利境外投资者、扩大金融市场开放，探索扩展现有跨境投资的产品类型，适当扩大跨境投资中国金融市场的参与者范围，进一步完善"跨境理财通"政策，推动建设跨境大宗商品交易所等。摩根士丹利预测，2030年人民币在国际上的使用将稳步增长，在全球外汇储备中的占比增长到5%~10%。随着中国金融体系继续与世界其他地区融合，中国作为一个融资平台，将会有巨大的机会来支持亚洲和世界的基础设施融资需求。

当前世界形势清楚地表明，国际社会应该团结一致应对共同挑战，脱钩是不明智之举。金融领域的合作与融合，对促进全球经济实体领域的发展具有重要作用。新冠疫情暂时迫使人们保持社交距离，但这恰恰使人们更加认识到团结一致的重要性。我们比以往任何时候都更清楚地认识到，脱钩是灾难性的，世界各国经济应该相互融合，而不是彼此疏远。

综合来看，中国政府正稳步推进国内资本市场和金融体系更高水平和更大规模的改革开放，所做努力得到了国际社会的高度认可。亚投行既是开放的受益者，也是有力的贡献者，并期待与各方加强在新兴市场经济体基础设施方面的合作与投资，共同为建设一个更美好的未来、更美好的世界而努力。

参 考 文 献

[1]陈文行."一带一路"经济区跨境电子商务发展路径研究[J].产业与科技论坛,2021,20(22):14-15.

[2]罗超亮,符正平,刘冰等.战略性新兴产业国际贸易网络的演化及动力机制研究[J].国际金融贸易问题,2022(03):121-139.

[3]王双月."一带一路"倡议下江苏省国际贸易与国际物流协同发展研究[J].市场周刊,2022,35(03):104-107+152.

[4]张林.新发展阶段下我国农产品国际贸易发展现状及态势分析[J].黑龙江粮食,2022(02):27-29.

[5]李继强."互联网+"背景下应用型国际贸易人才培养模式的构建策略[J].商业经济,2022(03):108-109.

[6]田广,刘瑜.论"一带一路"国际贸易争端仲裁机制——基于跨文化视角的探析[J].青海民族研究,2021,32(04):104-112.

[7]高静."一带一路"背景下我国农产品国际贸易发展策略研究——评《农产品国际贸易》[J].中国瓜菜,2021,34(12):136.

[8]王孝燕.跨境电商视角下中小企业国际贸易业务的现状、问题及解决策略[J].太原城市职业技术学院学报,2021(09):44-47.

[9]江会芬,吉翔.市场分割条件下的金融市场利率传导——基于短期和中期两路径并存视角[J].西南金融,2020(08):23-32.

[10]张俊,李晶晶.中国金融市场中的因果关系与风险传导现象研究[J].天津商业大学学报,2019,39(01):25-29+47.

[11]程雪军.论互联网消费金融对传统消费金融的冲击效应与竞合机制[J].兰州学

刊,2022(02):43-57.

[12]刘以梅,刘高秀.普惠金融背景下云南农村电子商务发展现状及路径研究[J].现代商业,2022(01):35-37.